漫畫：ハチノ

彰斗，我們等一下要去哪裡呢？
可麗餅
可麗餅 SWEET
嗯？
……

拉
今天……
要不要去我家？
小愛……
緊張
緊張
啾
對不起……竟然讓妳先開口。
抱
小愛……
要是我先主動告白，那就好了。

我喜歡妳！
所以請妳再等我一下！
？
好是好……
……
我說彰斗～
你是不是只會一種插法啊？
我想好好地疼愛小愛……！
嘖！
所以……

怎麼動能讓女生最舒服？祕訣全在這裡！
拒絕假高潮，讓另一半在你的操弄下嬌喘連連
道插入・運動完全指南
PISTON!
抽插攻略！
由良橋 勢
何姵儀 譯
封面繪者 水龍 敬
漫畫 ハチノ
內頁插圖 ありま なつぽん KOJI 只野さとる 春海
東販出版
就是它了！
購物車
按
之後，某一天約會時……
呀啊！
抽搐！

顫抖
啊……
顫抖
彰斗……!!
啪
那裡
啪
啪
嘰
啪
啪
咕啾
嘰
顫抖
愛！
如何？
啊
啊

顫抖♥顫抖
啊!
我…
ビクッ
ビクンッ
要高潮了!!
緊握
嗚!
就這樣——
哈
哈

小愛與彰斗
順利地讓彼此的愛
更加深一層了。
♡
哪，
彰斗……
再來一次嘛……
可以嗎？
臉紅
遵命♪

PISTON!
抽插攻略!

CONTENTS

第1章

準備插入！

插入基本型

PLAY 01

人與人結合，就從此開始

在以合體為核心的性愛行為當中必不可少的插入動作是最基本的做愛方式。

其步驟如下：①陰莖整個勃起之後，②將龜頭塞入充分溼潤的陰道口中，③當龜頭頂端整個埋入陰道內之後，④直接深入陰道，⑤讓陰莖順勢整個插進陰道裡。

每個步驟的重點如下。

在步驟②中要做的第一件事，就是找到陰道口。尋找時只要發現疑似「小穴」的地方，就一邊用龜頭頂端觸摸陰道黏膜，一邊用手移動陰莖。但有個地方要注意：許多沒有插入經驗（所謂的處男）的人可能會因為無法確定插入口，而用龜頭頂端亂頂摩擦，這樣反而會硬生生地破壞大好性致，結果被對方宣告出局。為了防範未然，插入之前最好先用手指確認陰

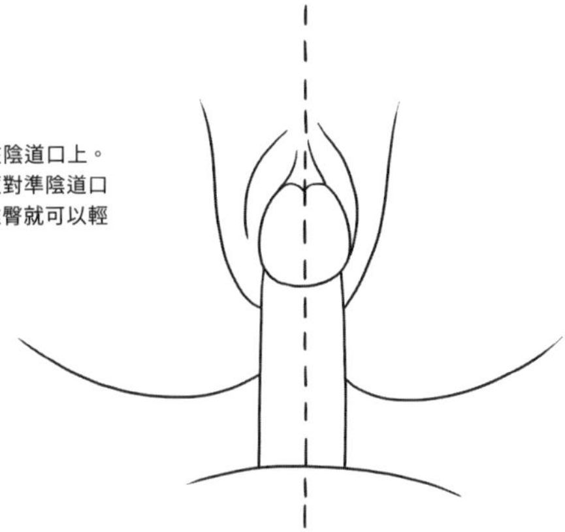

將龜頭頂端貼放在陰道口上。這個時候只要陰莖對準陰道口的正前方，稍微推臀就可以輕鬆插入。

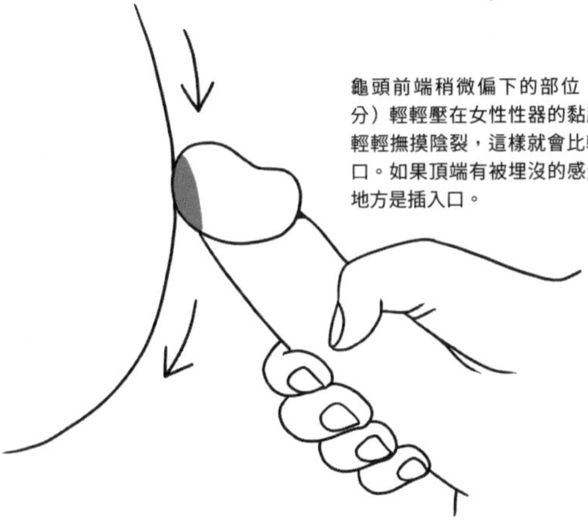

龜頭前端稍微偏下的部位（圖中的灰色部分）輕輕壓在女性性器的黏膜上，從上到下輕輕撫摸陰裂，這樣就會比較容易找到陰道口。如果頂端有被埋沒的感覺，就代表那個地方是插入口。

道口的位置。只要這麼做，就可以善用指技假裝愛撫，善加掩飾，再悄悄地把手指（中指或食指）插入陰道，以便確認陰道口的位置及插入的角度，並且確認女性性器是否夠溼潤。

掌握小穴的位置之後，手握住陰莖的中段，貼放在陰道口上。如果感到龜頭頂端已經快要陷入女性性器的黏膜之中，那麼就瞄準目標，稍微用力地把陰莖推進去。只要卡到冠狀溝這個部分，步驟③就算完成。

進行到步驟④時可以繼續把陰莖塞進去，也可以把手放開，不停地扭腰擺臀，推送陰莖。

到了步驟⑤，也就是當陰莖已經深入到兩人的腰緊密貼合時，基本插入型態就算完成。接下來只要重複④和⑤這兩個步驟，就是活塞運動的基本形式。

插入陰莖時可以只用手，也可以手與腰兩者並用。剛開始插入的時候，陰莖可能會因為女性性器的黏膜而滑動，甚至被彈出小穴，因此在龜頭整個塞進去之前，最好用手扶著陰莖。

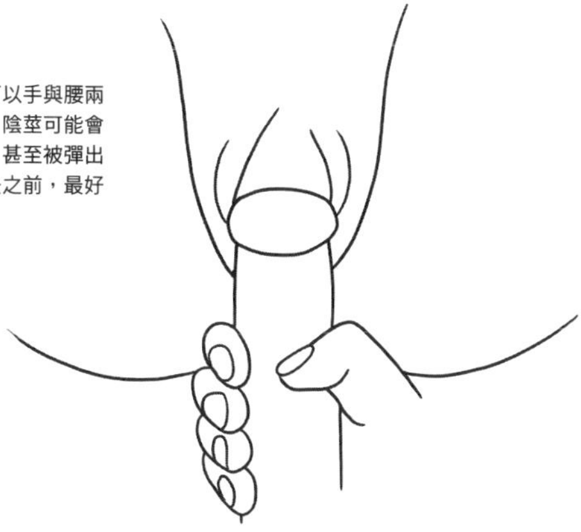

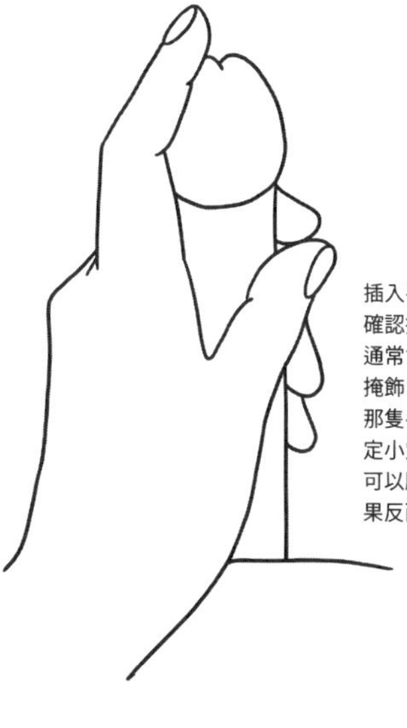

插入手指掌握小穴的位置，並且確認擴展陰道的方法。這個時候通常會利用「指交」這個方法來掩飾。但如果是要用扶著陰莖的那隻手（食指）來進行的話，確定小穴的位置之後只要鬆手，就可以順勢進行插入動作，這樣效果反而更好。

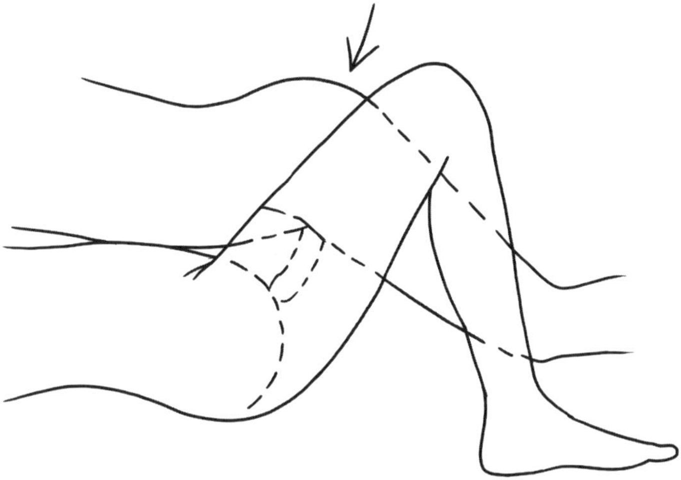

只要龜頭有一半埋入小穴裡而且不會溜出來，那就可以鬆手，推臀將陰莖插入深處。推臀送腰時，可以想像扣上凹凸扣的畫面，「咔喳」地往內頂。只要陰莖整個插至根部，基本的插入動作就算完成了。

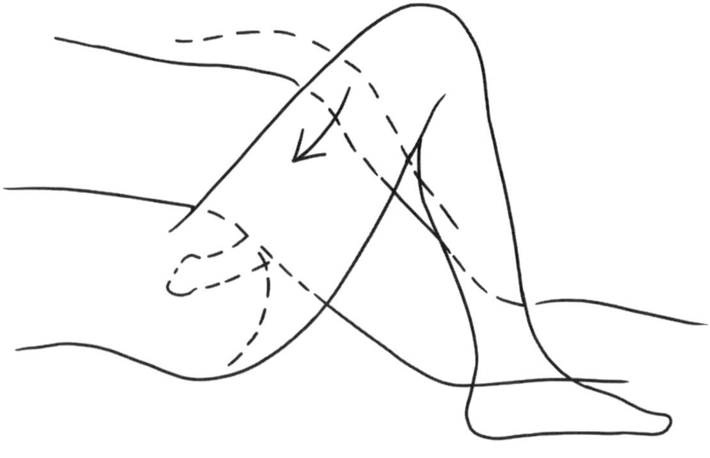

插圖：春海

繫裂對齊

PLAY 02

陰皐與包皮繫帶緊密貼合，盡情摩擦

將陰莖的包皮繫帶貼放在女性性器的陰裂（也就是所謂的陰皐）上，沿著「溝槽」摩擦之後，順勢將陰莖插入陰道的性愛技巧。只要男女雙方的敏感部位互相磨合，肉體上的快感就會越來越強烈。不僅如此，插入之前採取這項性愛技術，也會牽動情慾，告訴對方「小弟弟要準備登門入室囉」。這種意念的表達方式不僅可以讓女性伴侶對插入的那一刻做好心理準備，在陰莖插入的那一瞬間，女性得到的快感也會更加強烈，讓插入這個過程充滿戲劇性的變化。

其步驟如下：①手扶著勃起的陰莖，②將包皮繫帶緊緊貼放在陰裂的「縫隙」上，③保持這種狀態前後擺動腰部，④在適當的時候將陰莖插入陰道。

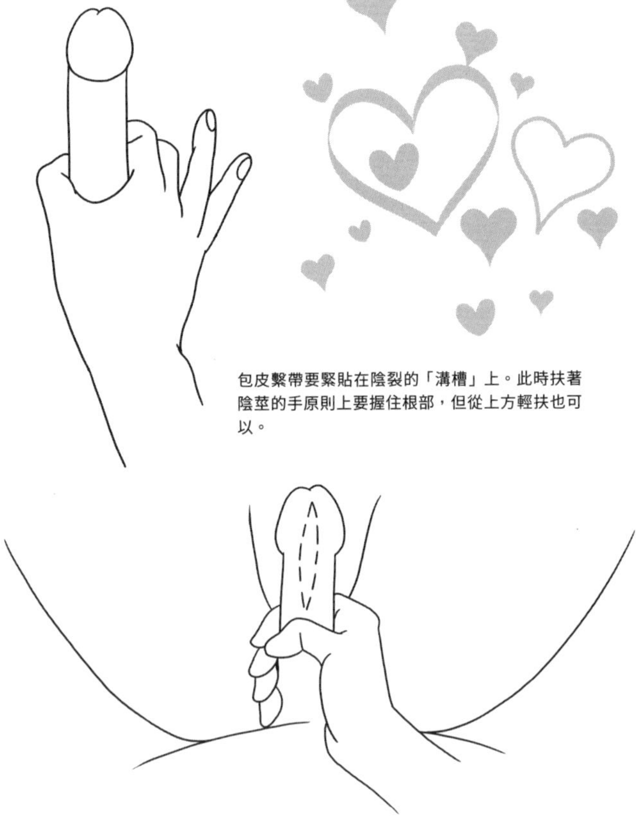

包皮繫帶要緊貼在陰裂的「溝槽」上。此時扶著陰莖的手原則上要握住根部，但從上方輕扶也可以。

步驟①在進行的時候，手基本上要握住陰莖根部，但也可以扶著上面（即包皮繫帶的反面）。

進行到步驟②時，亦可選擇輕輕推開大陰唇（或者讓女性自己推開）這個方法。如此一來就可以得到更加緊密的貼合感（＝更加強烈的刺激）。

在進行③的時候，推臀的幅度若是太大，陰莖可能會偏離溝槽，因此扭腰擺臀時動作要輕柔小心。如果想要更強烈的刺激，那就把手放在陰莖上，將其壓在陰裂上就可以了。

這個性愛技巧不僅能讓男女雙方得到肉體上的快感，還可順勢插入，分分秒秒都不會浪費。此外，陰道分泌物（俗稱愛液）也可以整個塗抹在陰莖上，這樣不僅有助於插入，還可直接切換到〈直搗香穴〉（參見第22頁）這個較為激烈的插入方式，算是一項相當吸引人的性愛技巧。

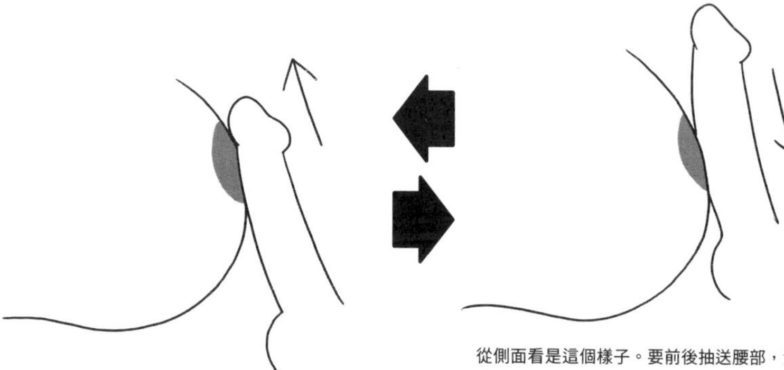

從側面看是這個樣子。要前後抽送腰部，沿著陰裂的「溝槽」來回磨蹭。剛開始動作要慢，以免包皮繫帶偏離陰裂。習慣了之後再來扭腰擺臀，集中磨蹭感覺較為強烈的地方。

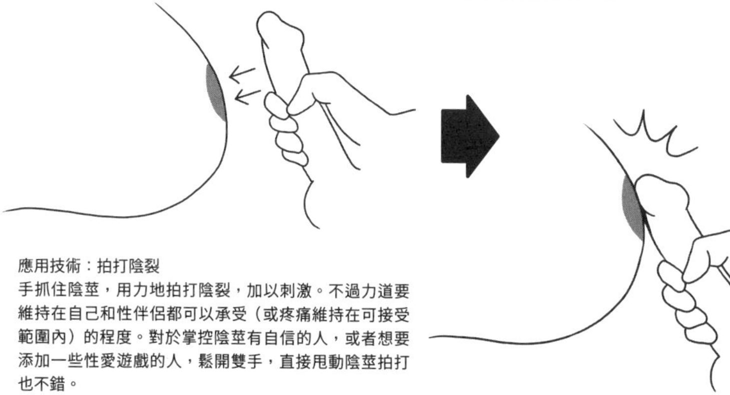

應用技術：拍打陰裂
手抓住陰莖，用力地拍打陰裂，加以刺激。不過力道要維持在自己和性伴侶都可以承受（或疼痛維持在可接受範圍內）的程度。對於掌控陰莖有自信的人，或者想要添加一些性愛遊戲的人，鬆開雙手，直接甩動陰莖拍打也不錯。

輕觸蒂鈴

PLAY 03

按下敏感的門鈴，暗示對方「我要進來了」

用龜頭精準摩擦陰蒂，加以刺激挑逗的性愛技巧。情慾表達的效果等同〈繫裂對齊〉（參見前項），但在攻擊時反而會更加準確，因此得到的物理性刺激也會比較強烈。

基本的步驟是，①當陰莖勃起時抓住根部，②在尋找陰道口之前先貼放在陰蒂上，③什麼都不做，摩擦就好。採用這項性愛技巧的時機基本上是在即將插入之前。不過陰莖插入之後先享受一段抽送的快感，之後暫時抽屌，中場休息時間施展這項技巧再來插入也不錯。挑逗的時間只要超過10秒，不僅可以助燃慾火，讓人快要失控的焦急效果更是值得期待。

至於摩擦部位主要有下列這三處。

(A)龜頭頂端：尿道口周圍微妙的高低差可以鉤住陰蒂，進而帶來絕妙的快感。刺激之後可以順暢地直接插入是這個摩擦部位的特色。

(B)包皮繫帶部分：因為高低差而產生的刺激效果與龜頭頂端相同。對男性來說，這也是最敏感的部位，因此雙方都會得到無比強烈的快感。

(C)龜頭側面：可感受到光滑的觸感。因為直線距離長，單向摩擦的話可以拉長刺激時間，是一招很實用的性愛技巧。

但不管是哪一個部位，都是由柔軟的黏膜所組成，倘若對方是一個「陰蒂十分敏感，不喜歡讓人刺激」的女性，或者是不想讓不懂得控制力道的性伴侶刺激陰蒂的話，只要採用這項性愛技巧，就能讓對方安心享受挑逗陰蒂的樂趣。

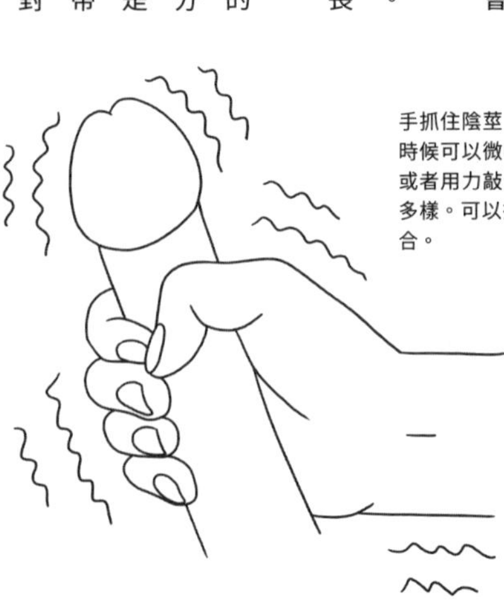

手抓住陰莖，加以抖動刺激陰蒂。這個時候可以微幅顫抖，也可以大幅抖動；或者用力敲擊、輕輕觸碰……方法相當多樣。可以搭配其他技巧，找出最佳組合。

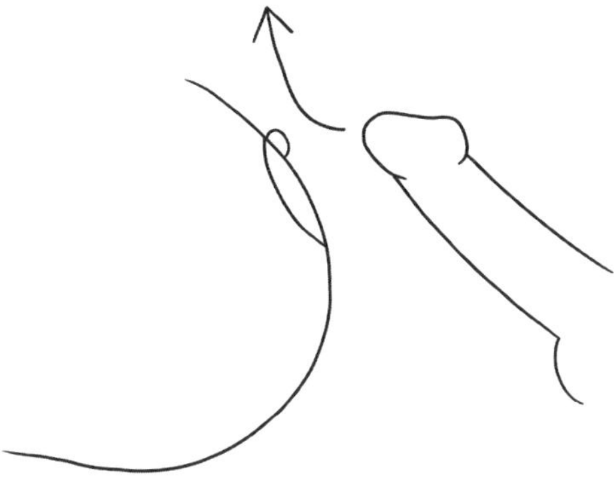

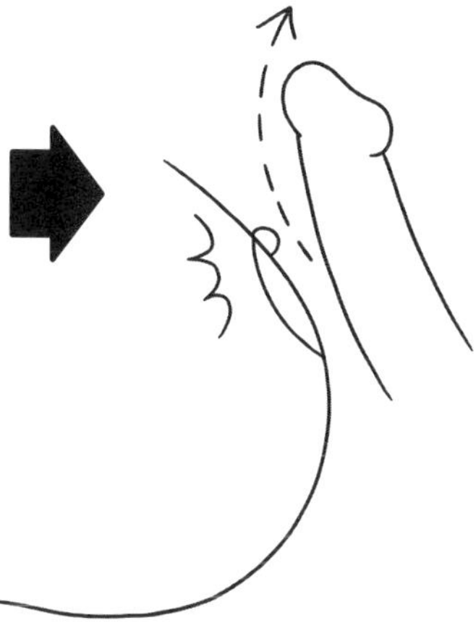

除了陰蒂，利用大小陰唇等所有女性性器的凸起部位，勾住之後再抽送陰莖也能帶來酥軟感受。在這種情況下與其來回磨蹭，單向連續摩擦反而可以增加快感。

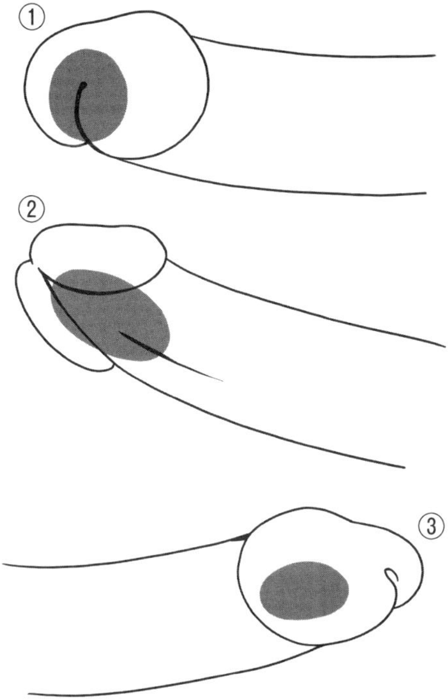

磨蹭可以帶來不錯效果的部位主要有：①龜頭頂端、②包皮繫帶部位、③龜頭側面這三個地方。另外，性伴侶的陰蒂如果已經變得堅硬並勃起，那麼不妨試著挑戰將陰蒂插入尿道口的「反向插入」技巧。若能先用手指將龜頭頂端往左右推，讓尿道口整個撐開，就能大幅提高成功的機率。

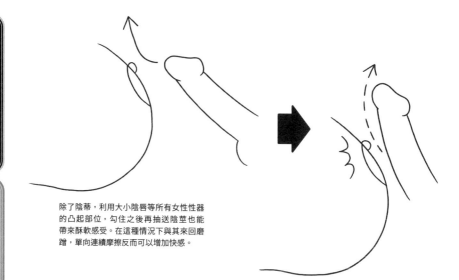

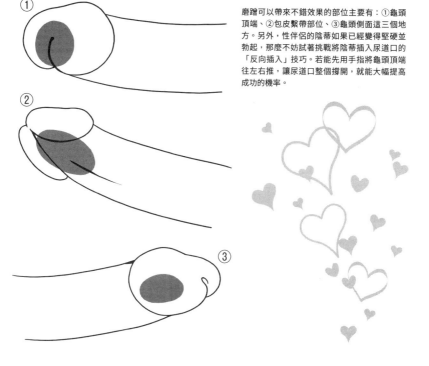

直搗香穴

PLAY 04

第一擊用力頂！

準備將堅挺的陰莖插入性伴侶的陰道時，以迅雷不及掩耳的速度從遠處用力插入的性愛技巧。突然闖入蜜穴的行為不僅可以給女性伴侶一份驚喜，主動出擊的男性還可以感受到一種有點反常又嗜虐的快感。

對於那些對〈插入基本型〉（參見第14頁）這個傳統插入方式已經感到厭倦的情侶來說，這項性愛技巧說不定可以帶來新鮮刺激的效果。

其步驟如下：①確定陰道口的位置，②讓龜頭頂端似有若無地靠近陰道口，③一碰到就立即將陰莖整個推進陰道深處。

這個技巧的關鍵在於步驟③。只要龜頭頂端一碰到陰道口的黏膜，就要大力擺動腰部，無縫接軌，瞬間插入。插入的部

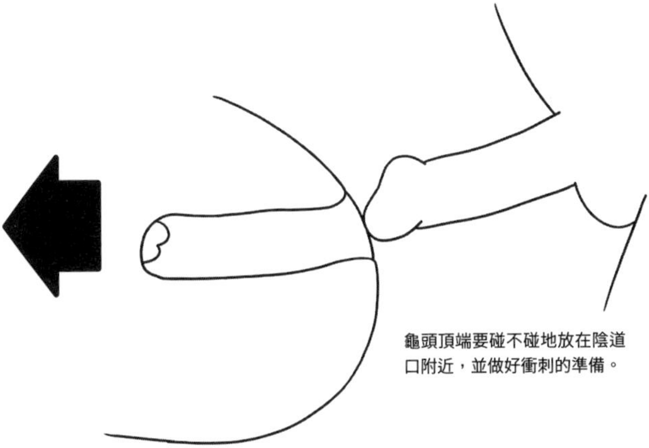

龜頭頂端要碰不碰地放在陰道口附近，並做好衝刺的準備。

位不只是龜頭，還包括陰莖根部，也就是要盡量深插到底。如果龜頭頂端能感受到堅硬的子宮口那更好。

故在採用這項技巧時，男性最好能清楚掌握性伴侶的陰道口位置以及陰莖插入的角度。最理想的情況，就是與已經交合多次，而且熟知對方私處狀況的女性來進行這項性愛技巧。不用說，對方如果是沒有任何性交經驗的女性（也就是處女）的話，那當然要禁止採用這項技巧。

就算對方是已經掌握私處情況的性伴侶，女性性器必須充分溼潤也是不可或缺的條件。在事先利用指交刺激挑逗，讓女性性器足夠溼潤的同時，最好能順便確認陰道口的位置及陰莖插入的角度。若能使用兩根手指（食指和中指）或三根手指（食指、中指和無名指），那就可以打開這個「神祕孔洞」，開闢一條「情慾大道」。

快要碰到時，就立刻把陰莖整個推進陰道底。只要龜頭頂端一碰到陰道口的黏膜，就要大力推臀，無縫接軌，瞬間插入，這點很重要。插入的部位不只是龜頭，還包括陰莖根部，也就是要盡量深插到底。如果龜頭頂端能感受到堅硬的子宮口那更好。

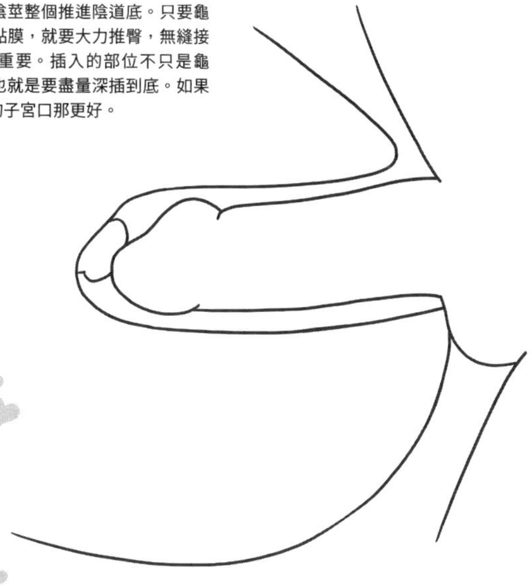

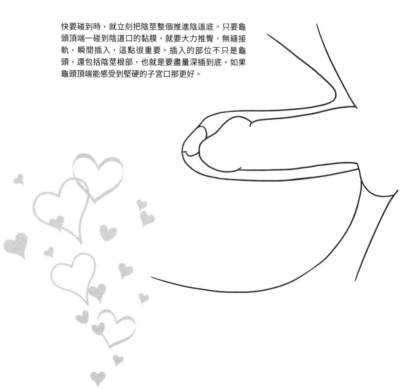

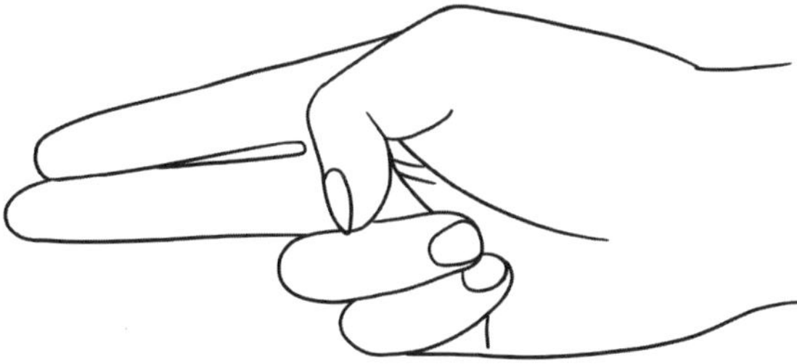

事先用手指抽送，確定「陰道走向」也不失為一個好方法。插入的手指如果是2、3根或更多根效果會更好。不過用手指抽送力道會比較強，因此指甲一定要先修剪及整潔。而另外一點要多加留意的，就是這項技巧在進行時，無名指或小指要放在大拇指上，這樣大拇指的指甲才不會刮傷性伴侶嬌弱的黏膜。

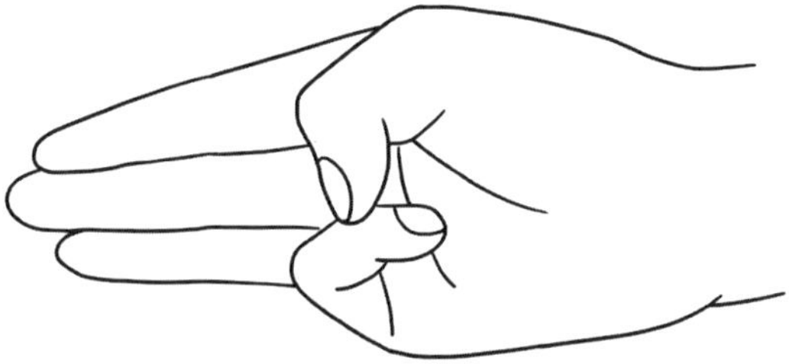

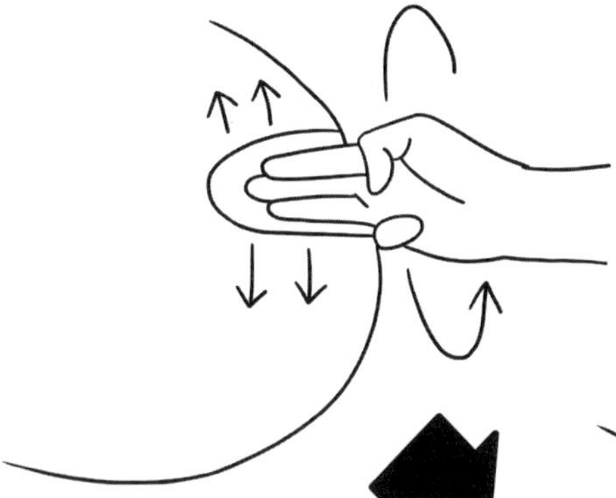

擴展陰道之前和之後。用數根手指（也可以使用稍粗的假陽具或按摩棒）慢慢地在陰道內游移，將陰道內部擴展開來。陰道黏膜相當柔軟，經過一段時間就會恢復原狀，因此擴展開來之後要掌握時機，迅速插入陰莖。

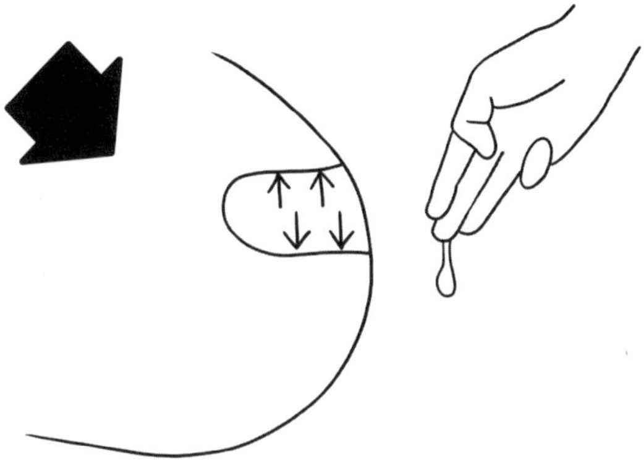

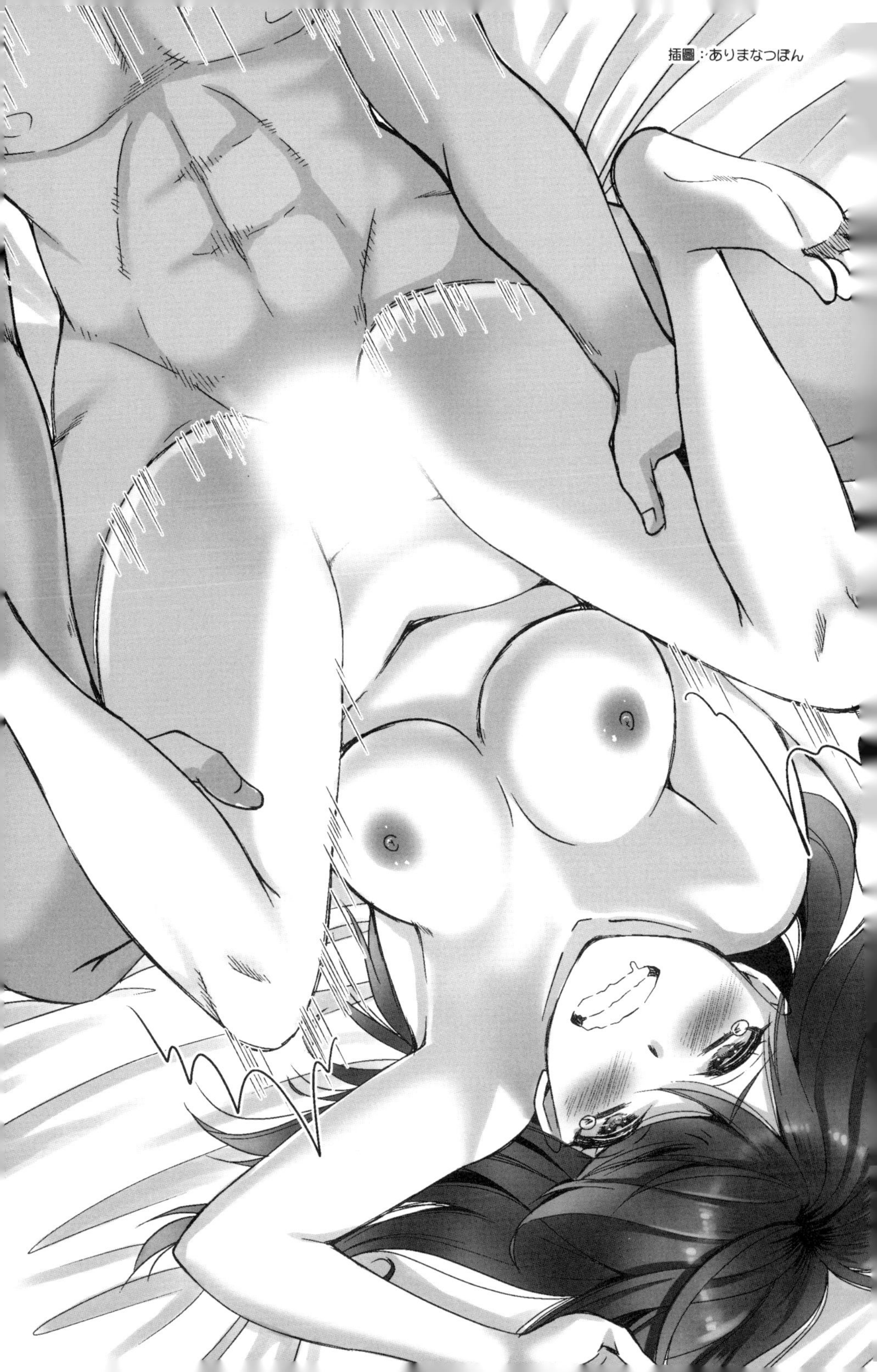
插圖：ありまなつぽん

旋轉鑽洞

PLAY 05

一邊旋轉，一邊鑽洞

將陰莖當作電鑽，旋轉插入性伴侶陰道中的性愛技巧。這項技巧可以先給女性伴侶一種「彷彿被硬硬的異物塞進去的感覺」，讓陰道口周圍在接觸到物體時，感受會更加強烈。

其步驟如下：①陰莖勃起之後龜頭頂端貼放在陰道口上，②頂端插入約1～2公分之後，③大幅旋轉腰部，④讓陰莖慢慢沉入陰道之中。

重點在於步驟③——腰的移動方式。男性的屁股要像寫「の」字般畫圈。這個時候，迅速小幅旋轉固然不錯，但是要維持一個基本原則，那就是緩慢且大幅度地旋轉，因為慢慢轉動可以讓女性更容易感受到「旋轉感」。只要掌握「慢慢地畫大圈圈」這個基本原則，習慣之後再來穿插

龜頭頂端先塞入1～2公分。這個階段盡量淺入，這樣旋轉鑽入的時候效果才會好。

「迅速畫小圈圈」這個變化，這樣在進行這項技巧的時候就比較不會枯燥乏味。

亦可時而左旋，時而右轉，也就是一邊改變旋轉方向，一邊鑽入陰道裡。像是(A)插入時順時針，取出時逆時針；(B)插入陰道時輪流使用順時針和逆時針；(C)在使用順時針插入的同時，最後的幾公分用逆時針等等……各種模式都可自由嘗試搭配。

用屁股畫「の」字的時候如果是採取正常體位或後背體位的話，陰莖通常會以龜頭頂端為頂點畫出圓錐形。相形之下，讓陰莖筆直旋轉這項技巧就顯得高超許多了。如果是採取後背體位或側入體位的話，那麼就不要從陰道口的正面轉動陰莖根部，而是要以此為軸心，大幅左右轉動上半身。只要這麼做，就可以增加陰莖的摩擦感（＝讓男性更亢奮），不過主動出擊這一方的運動量也會增加，因此比較適合基本體力較佳的男性。

讓陰莖像電鑽不停扭轉，整個鑽入陰道深處。重點在於用屁股做出畫圓的動作，同時大幅扭動腰部，好讓陰莖能慢慢地陷入陰道內。在鑽進陰道的過程當中，腰部可以同一個方向進行到最後，看是要一直往右旋轉，還是要往左旋轉。不用說，進行到一半時換個方向也沒問題。另外亦可向右旋轉按壓之後，再向左旋轉抽出等等，也就是在抽出陰莖時進行鑽孔運動，這麼做也不失為一個好方法。

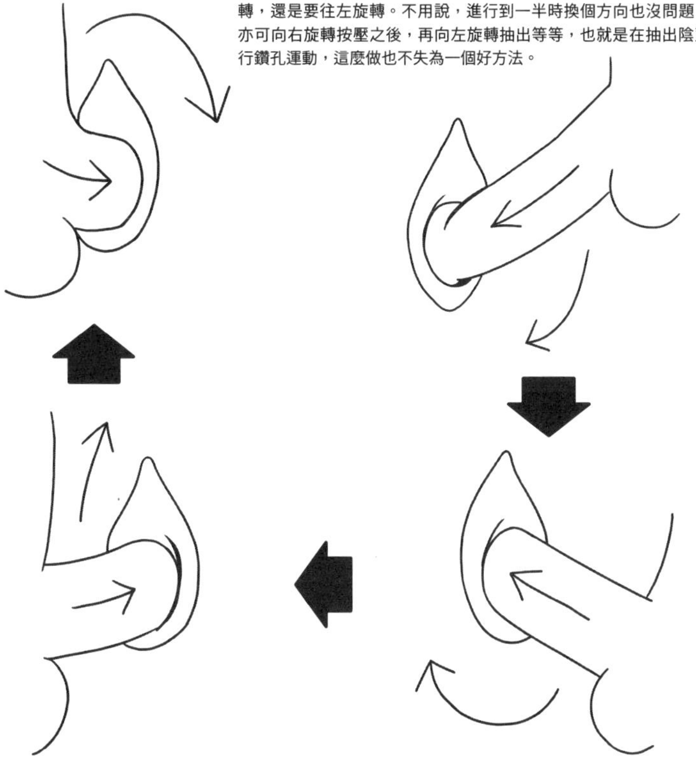

半勃塞穴

PLAY 06

用手夾住柔軟的陰莖，強行塞入陰道之中

用手指捏住半勃起的陰莖，強行將其塞入陰道中的方法。

柔軟的陰莖會比堅硬無比的陰莖更能感受到陰道內壁的壓迫，因此進行插入的男性可以享受到比完全勃起時還要強烈的包裹感和緊迫感。不過這一節介紹的算是一種「軟屌硬上弓」的技巧，也就是在陰莖還很軟趴的時候插入陰道，或者是在進行性行為的時候故意想像不開心的事，暫時減少陰莖的充血量，之後再藉機插入的性技。當然，對於有ED（勃起功能障礙）問題的男性來說，這也算是一個不錯的開場遊戲。

這項性愛技巧的優點，就是讓屬於被動插入這一方的女性伴侶享受陰莖在陰道內部慢慢變硬、變大的獨特感受。

捏住半勃起的柔軟陰莖，再用指尖（指腹）將其塞入陰道之中。

其步驟為：①捏住半勃起的陰莖，貼放在陰道口上，②指尖輕輕按壓，將陰莖塞入陰道中，③塞至某個程度之後前後扭腰擺臀，④直到陰莖整個插至根部即可。

每個階段的注意事項如下。

在步驟①這個階段，陰莖至少要保持半勃起的硬度。陰莖未完全勃起其實是很難塞進陰道裡的。如果要嘗試把尚未完全勃起的陰莖（雖然這也有著無法取代的樂趣）塞入陰道理的話，那就要多加累積經驗，每次練習的時候都要降低陰莖的硬度，秉持耐心，善加訓練。所謂有志者事竟成，只要孜孜不倦，最後一定會水到渠成，如願以償。

進行到步驟③時，要是一塞入就瘋狂地扭腰擺臀，陰莖可能馬上溜出來，所以塞的時候一定要整個塞到根部，或者等到半勃起甚至是八分硬之後再來抽送。在進展到這個地步之前，一舉一動都要慎重。這個時候也可以用手扶著接合處，以防半勃起的陰莖偷溜出來。

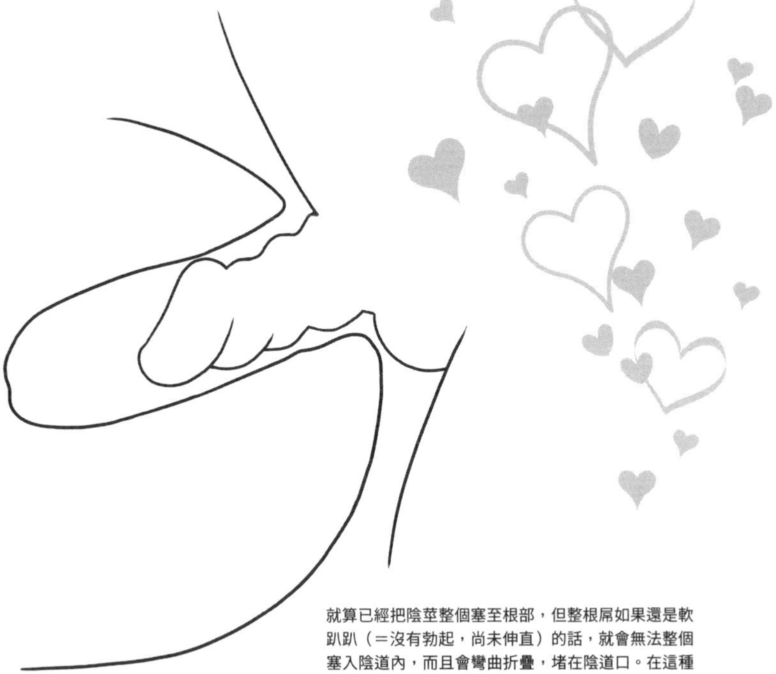

就算已經把陰莖整個塞至根部，但整根屌如果還是軟趴趴（＝沒有勃起，尚未伸直）的話，就會無法整個塞入陰道內，而且會彎曲折疊，堵在陰道口。在這種情況之下若是亂動，只會讓陰莖一而再，再而三地溜出來，所以剛開始一定要小心地慢慢移動。

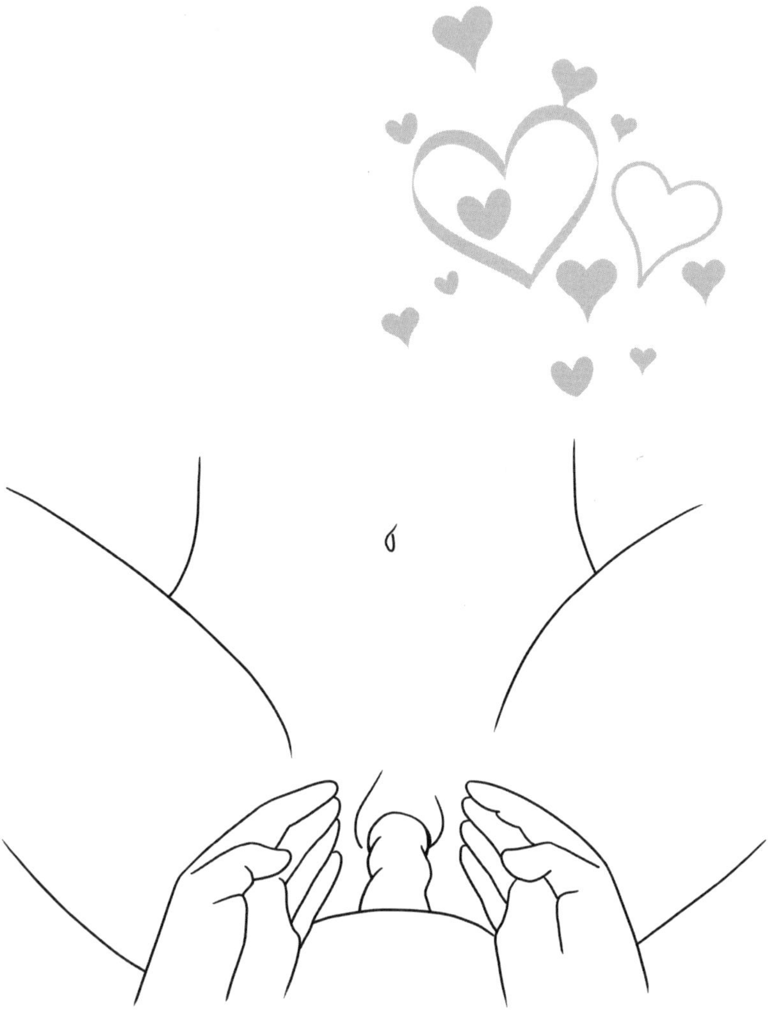

陰莖剛塞入的時候充血量還不夠，因此抽送的同時可以先用手指在接合部扶持，以防陰莖溜出來。扶的時候可以從陰裂外側用陰唇包住陰莖根部。就算有手扶著，在陰莖尚未變硬之前都不能掉以輕心，扭腰擺臀的時候一定要緩慢慎重。

插圖：KOJI

拉褲鑽洞

PLAY 07

半裸的淫蕩風情和布料摩擦所帶來的雙重刺激

女性穿著內衣或短褲等，從褲口縫隙插入陰莖的方法。這項性愛技巧不僅可以享受到迫不及待想要交合、已顧不得衣物還沒褪去的心急氣氛，還能讓陰莖感受到抽送時因為摩擦衣物所帶來的物理刺激。

其步驟如下：①在女性伴侶脫下內褲（短褲）之前，②褲檔（與陰裂重疊的地方）朝大腿左右其中一側拉開，③內褲穿著，露出陰裂之後，④將其推開，⑤露出陰道口，再將龜頭貼放在上面，⑥插入陰莖。內褲在陰莖完全插入之後可以鬆手，置之不理，也可以保持步驟①的狀態，繼續用手拉著。陰莖在抽送時若是拉開內褲，可以享受到與內褲邊緣微微觸碰的感覺；若是鬆手放開內褲，摩擦的感覺就會更加明顯。而另外一種玩法，就是褲檔整

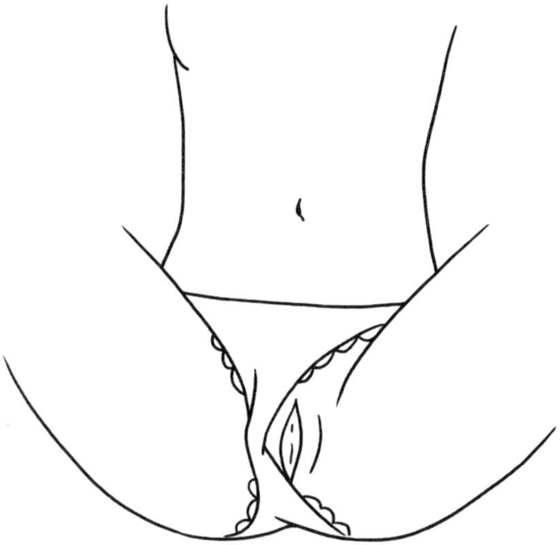

短褲的褲檔基本上要這樣拉開。較為緊身的短褲如果用力拉扯的話，下擺（雙腳穿過的褲口部分）可能會因為鬆弛而嚴重變形。對方若是穿著高價內衣或時尚內衣的話，這麼做可能會破壞與性伴侶之間的關係，所以採取行動之前一定要好好確認。

個拉到大陰唇外側，讓受到擠壓的陰唇肉壓迫正在抽送的陰莖。

性伴侶穿著的內衣材質如果是棉，觸感會比較柔軟；如果是絲質，觸感就會比較柔滑；如果有蕾絲，就會有種獨特的異物感。但如果不是內褲，而是短褲的話，那就會有種充滿粗糙感的強力刺激……因此，布料材質不同，觸感也會有所改變。到成人用品店購買（自己做當然也可以）胯下有洞或裂縫，也就是所謂的開檔內褲也是一個不錯的選擇。當陰道分泌物（隔著內褲，或者將手伸進內褲裡愛撫）或唾液（隔著內衣舔陰）滲透時，分量與質感也會讓布料的摩擦感產生極大的變化。大家可以多方嘗試，從中尋找自己喜歡的感覺。

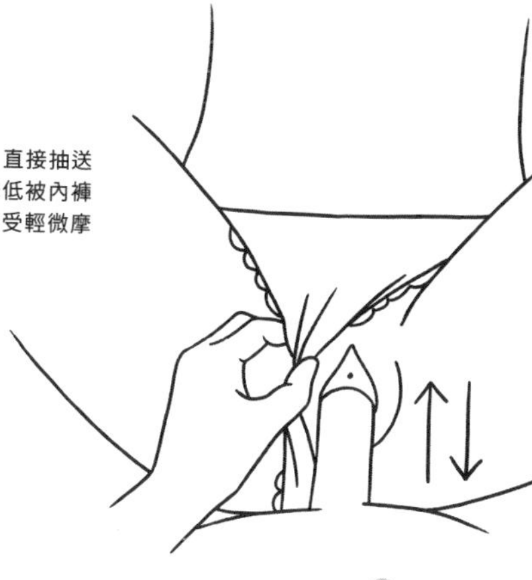

拉開內褲的一部分，直接抽送陰莖，這樣就可以降低被內褲邊緣摩擦的機會，享受輕微摩擦的感覺。

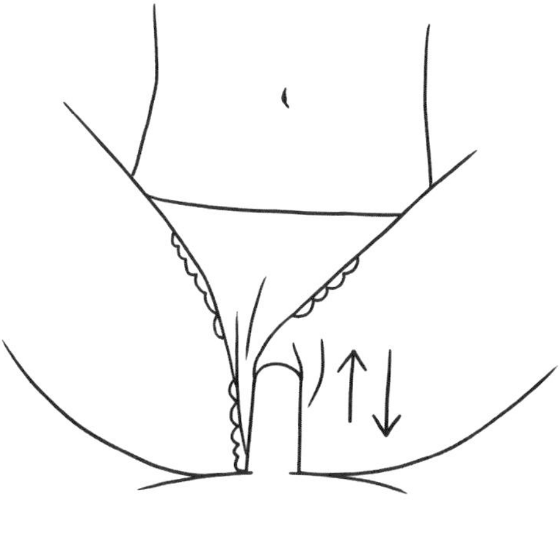

插入之後鬆手，讓內褲順其自然恢復原形的話，陰莖就會緊緊地被褲檔夾住。在這種狀態下抽送的話，就能感受到強烈的摩擦感。

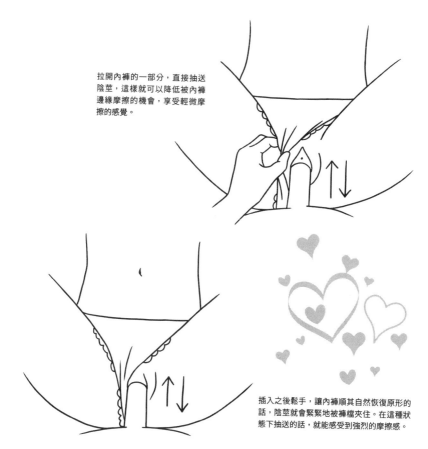

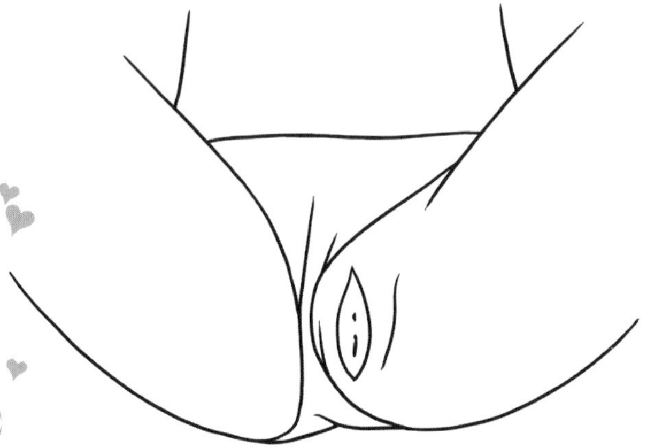

如果將褲檔整個移到大陰唇外側後鬆手，利用內褲恢復原狀的力道讓大陰唇往陰道口方向擠的話，陰莖在抽送時就會被陰唇壓到。如此一來陰莖就可以一箭三雕，同時享受與陰道內壁、陰道口和外生殖器（陰唇）這三個黏膜緊密貼合的銷魂感受了。

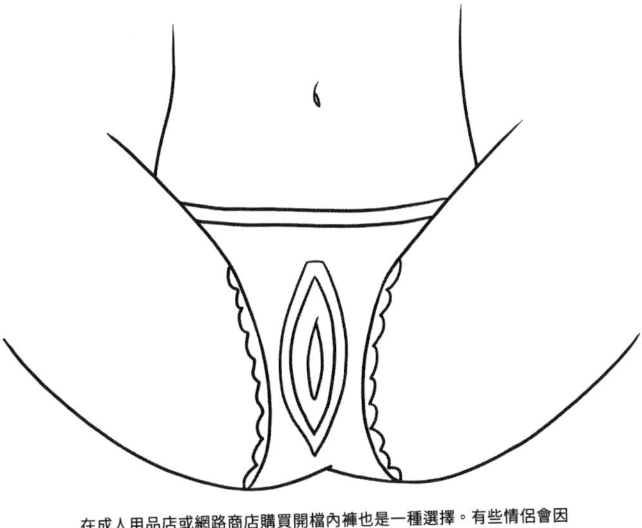

在成人用品店或網路商店購買開檔內褲也是一種選擇。有些情侶會因為有了成人玩具而浸淫在「跨出第一步」的氛圍之中，進而讓情慾更加亢奮。

插圖：春海

鮪魚男

PLAY 08

要做要攻，任由妳處置

男性就像冷凍鮪魚一樣動也不動，委身於女性。凡是與交合有關的事情，都交給對方處理的方法。這項性愛技巧適用於男方較為懶散的情侶、女性想要積極挑逗的情侶、想要讓女性服侍的S男，或只想好好服侍男性的M女等情侶。

其步驟如下：①陰莖勃起後，②讓女性握住，③龜頭貼在陰道口，④決定好位置後再由女性動作，將陰莖塞入陰道裡。

這項技巧的重點，在於男性要像一條死魚，從頭到尾都文風不動，整個過程全權交給女性來進行。採用騎乘體位時男性就乖乖仰躺，什麼事都不要做；如果是後背位，男性就好好跪著，用手撐著自己的腰，保持跪立的姿勢。除非女性自己無法掌握小穴的位置而遲遲無法順利插入，男性才可從旁協助。插入時龜頭頂端必須與陰道口位置吻合，故在這種情況之下男性稍微移動腰部無妨。可是姿勢一旦確定就不要再動，全身放鬆，任由女性上下其手，好好享受委身於他人、任由對方擺佈的快感，這就是本項性技的理想境界。

若要順利插入陰莖，女性平時最好能多自慰，這樣才能熟悉自己的私處，並且事先了解小穴位置及擴展陰道的方法。

鮪魚男的陰莖插入之後，接著就可以進行只有女生動、上抽下送的〈黑鮪魚·活塞運動〉。採取騎乘體位時，要讓女性在上面奮力扭腰；如果是後背體位，那就讓女性前後擺動。男性從插入到抽送若能動也不動，直接迎接高潮的話，應該就能體會到宛如國王、無微不至的性愛服務。

採用騎乘體位時：女性抓住陰莖，將龜頭頂端拉至自己的陰道口（上圖），位置確定之後，女性往下坐，讓陰莖整個塞進陰道裡（下圖）。這個時候彼此身體的中心線都要對齊。因為陰道口與陰莖根部的位置若是不正，插入的時候陰莖根部就會彎曲，這樣反而會對根部造成負擔。

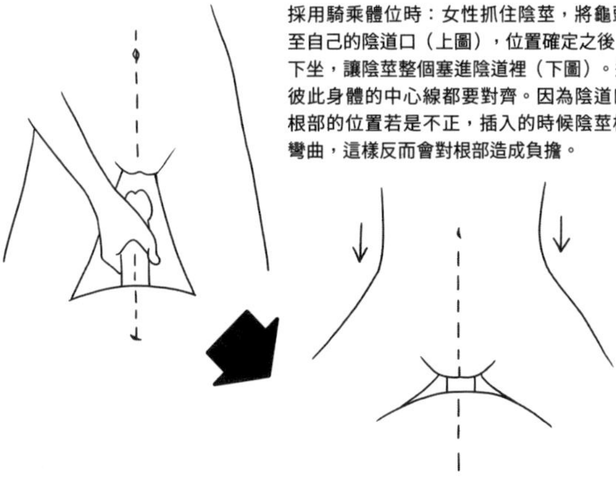

插圖：只野さとる

採用後背體位時：準備從後方插入時，女性抓住陰莖，將龜頭頂端拉至自己的陰道口（上圖），位置確定之後，女性背對男性，臀部朝男性後退，並將陰莖塞進陰道內。插入之後，保持同一姿勢前後擺動，不停抽送，這樣就能體會到宛如性感風俗店的淫蕩感覺。

滋潤乾涸的私密愛田

想要一竿進洞，陰道就必須要夠溼潤。愛液若是不夠多，插入之前就再進行一次前戲，好好愛撫挑逗。如果時間不夠、男性性技不夠熟練，或者騷處已經蠢蠢欲動，淫意已經無法按捺的話，那就（A）用手指從陰道深處挖出少量的分泌液、（B）沾上足夠的唾液，或者是（C）使用潤滑劑……盡量給予陰道滋潤，努力讓這場床笫之事水乳交融。

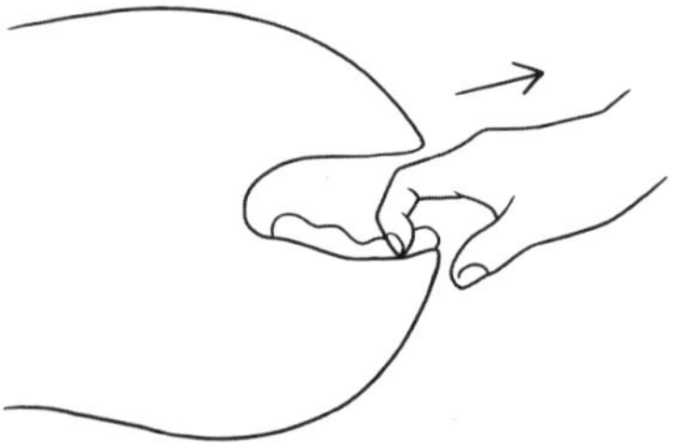

有時愛如潮水源源不絕的地方不是陰道口，而是陰道內部。在這種情況之下，可以用手指在陰道內挖一些分泌物（即所謂的愛液）抹在陰道口周圍。而且手指在陰道摳弄的時候還可以刺激內部，促進愛液分泌，堪稱一舉兩得。

如果陰道本身分泌物不多，內部也偏乾澀的話，那就一邊舔陰，一邊在陰裂上滴滿足夠的口水，加以滋潤。這個時候舌頭要像刮刀般平坦，一邊舔舐陰道口，一邊將分泌的唾液塗抹在上面，或者將帶有唾液的舌尖深入陰道裡，不經意地給予溼潤。

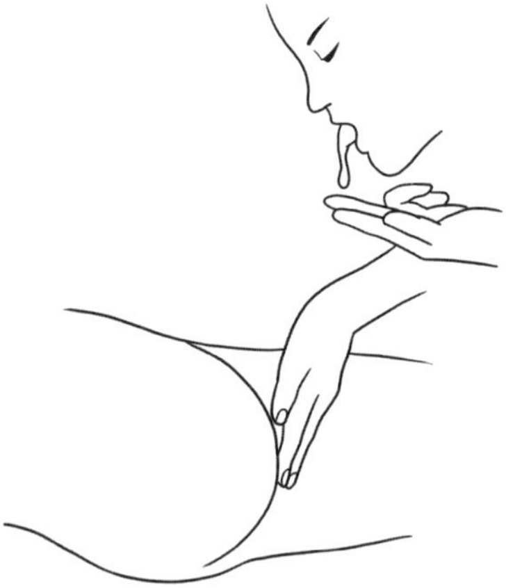

除了一邊以唇舌愛撫，一邊塗抹之外，也可以把唾液滴在指尖，直接塗抹於陰道口上。只要採用這種方法，就算是對舌技沒有自信的男性，也能準確地將唾液塗抹在預期的位置上。

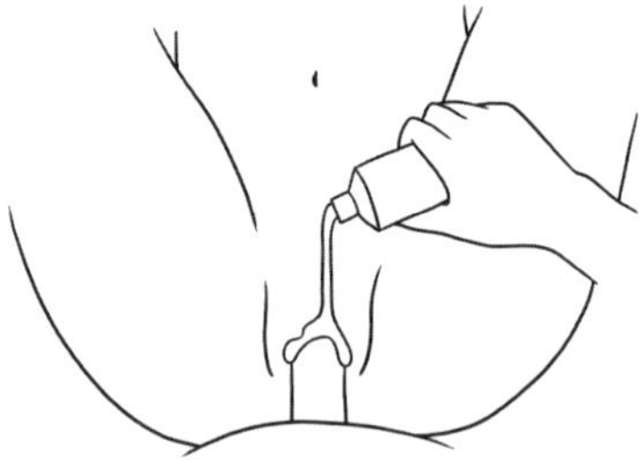

若想要確切得到效果，使用市售潤滑劑會是最佳選擇。只是潤滑液若是過量，可能會因為太過滑順而失去摩擦感，甚至出現白色泡沫，這樣看起來反而會顯得噁心，建議多試幾次，以找出適當用量。

第2章 刺激感受的活塞運動

快速活塞

PLAY 01

啪嗒啪嗒推腰送臀，一抽一送小弟入門

宛如馬達快速移動臀部，以小而快的節奏抽送陰莖的方法。這是非常傳統的活塞運動，無論男女都可以透過這種有規律、有節奏的抽送動作來讓情慾升溫。只要捕捉到女性所謂的G點等「敏感部位」，就可以讓性伴侶銷魂升天，就連男性自己也可以輕而易舉地一洩千里。

這項技巧大致上可以分為兩種方式，一種是在陰莖中段微幅抽送，另一種是在冠狀溝的凹凸處微幅抽送。這種方式適合注重親密度的情侶，因為它讓男性敏感的頂端整個包覆在陰道中摩擦。

雖然陰莖的長度因人而異，但一般來說，重點在於插入的深度要足以刺激G點。

方式(B)是因為冠狀溝這個男性最敏感

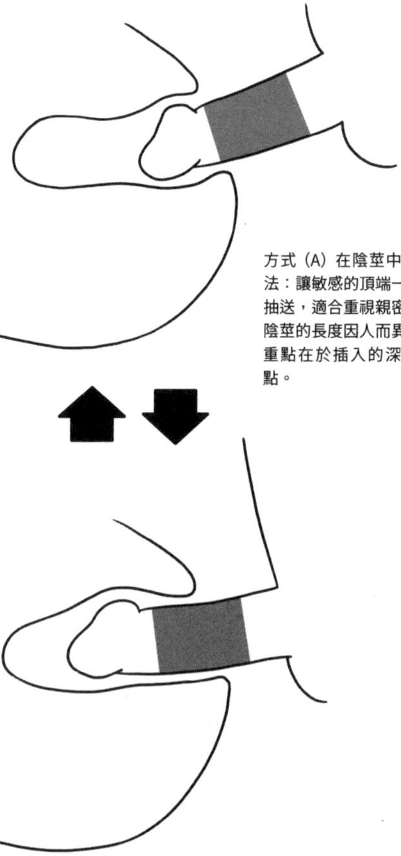

方式（A）在陰莖中段微幅抽送的方法：讓敏感的頂端一直包裹在陰道中抽送，適合重視親密感的情侶。雖然陰莖的長度因人而異，但一般來說，重點在於插入的深度要足以刺激G點。

的部位會被陰道口的皺褶黏膜刺激到，因此可以得到比(A)還要強烈的刺激。而陰莖在抽送時，因為異物感加強，所以女性也會強烈意識到抽送的感覺。

若要平順快速抽送，前後移動即可，千萬不要讓腰部左右或上下晃動。腰部在①向外推出的那一瞬間要放輕鬆，②將陰莖插入陰道深處時任由慣性推動，一旦插到底部（龜頭頂端觸及子宮口，或是陰莖根部碰到陰道口），③腰就立即朝反方向用力抽出陰莖，④這時候也一樣，用力過後就立即放輕鬆，⑤抽出陰莖時也順其慣性。當陰莖從陰道內部抽至(A)・(B)其中一個位置時，⑥再次放鬆的那一瞬間，就要集中力量，準備再次推送。換句話說，當陰莖被推入陰道的同時，就要準備抽出；而在抽出陰道的同時又要準備再次推入。只要有節奏地重複操作，就能像打樁一樣快速抽送。

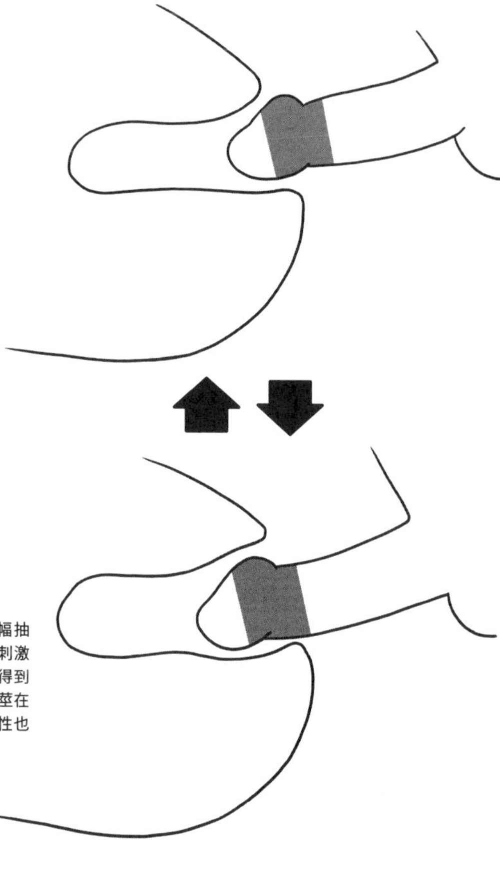

方式（B）在冠狀溝的凹凸處微幅抽送：因為是用陰道口的褶皺黏膜刺激男性最敏感的冠狀溝部位，因此得到的快感會比（A）來的強烈。而陰莖在抽送時因為異物感加強，所以女性也會強烈意識到抽送的感覺。

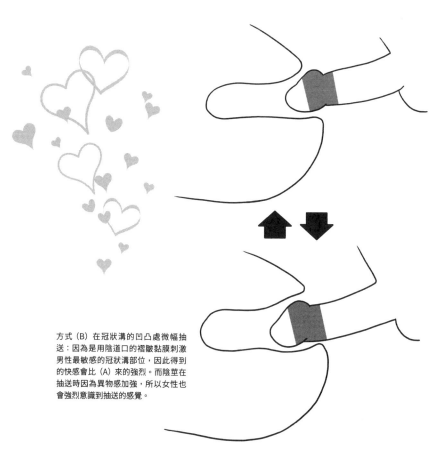

啪嗒啪嗒、一抽一送地微微推臀。不需上下左右搖晃，只要前後抽送臀部，這樣就可以迅速移動了。

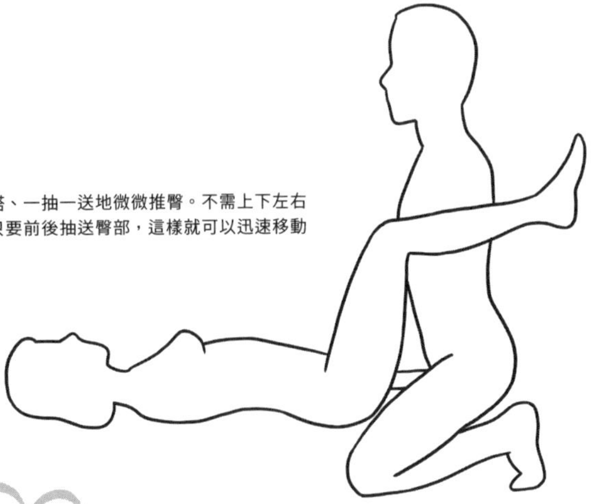

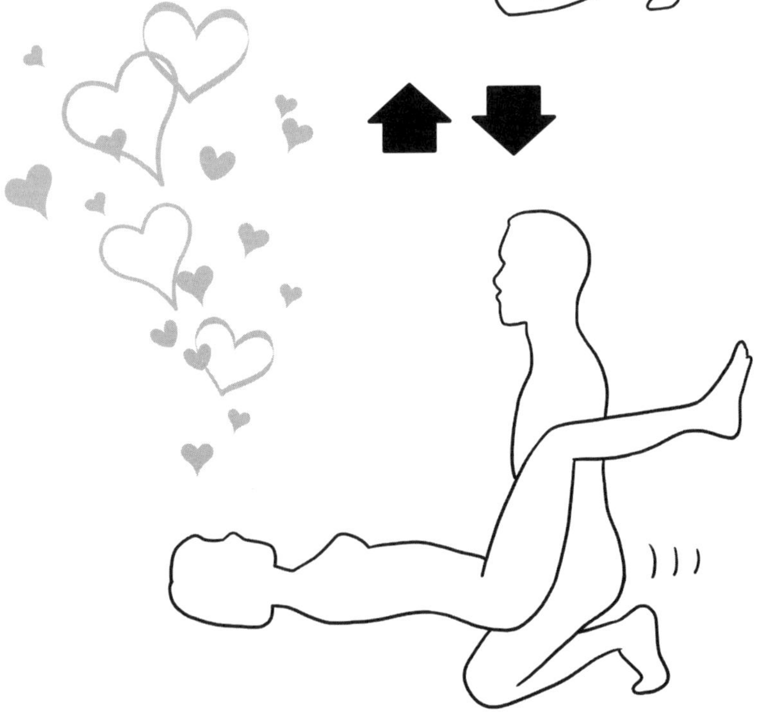

插圖：春海

淺層活塞

PLAY 02

只用敏感的頂端，細細體會溫暖陰道的奢侈享受

龜頭插入陰道時，只插至陰莖前端約2公分處，再加以抽送。這個方法只有敏感部位才會接觸到陰道內壁，所以能夠清楚地感受到陰道黏膜的溫暖和壓迫感。

而女性伴侶也因為陰莖只在陰道的淺層部位抽送，在體會快感的同時，情慾也會越來越焦急，只要再多持續十幾秒甚至超過數十秒，心急如焚的感受就會越來越強烈，甚至很不得活塞運動能更加激烈，這就是所謂的「焦急效果」。因此，採用這個性愛技巧之後若能改用〈肉棒打樁〉（參見第70頁）或〈巨柱速頂穴〉（參見第86頁）等狂野的活塞運動，一定可以讓對方的情慾更加狂野。

這項技巧的步驟如下：①勃起的陰莖頂端貼放在陰道口上，②慢慢地讓龜頭沉

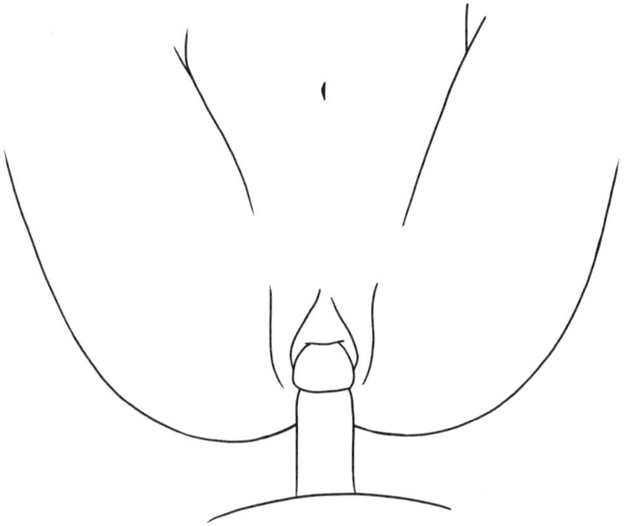

埋入陰道內部的只有龜頭到其下最多約2公分的地方。以正常體位為例，如果以自拍的角度俯瞰兩人結合的地方，就會看到自己的冠狀溝若隱若現地出現在陰道口。因為只有龜頭＋α這個黏膜較薄且敏感的男性性器與陰道壁接觸時，所以更能強烈地感受到陰道黏膜的溫暖和壓迫感。

入，③當冠狀溝通過時即可停止插入，④以冠狀溝為中心，抽送時在前後1～2公分這個短短的範圍內抽送。

就動作來看，會發現這項技巧的方式與〈快速活塞〉（參見前項）相似，但不同之處在於抽送的力道。這項技巧就像是輕輕用手指摳東西般淺淺抽送。只要透過輕柔的力量慢慢移動，就會更容易體驗到本技巧想要強調的溫暖陰道和柔滑黏膜。抽送的深度越淺，力道越輕柔，就越能煽動女性伴侶對性已經渴望到快要燒成一片焦土的心。

這項技巧可以讓身為進攻者的男性專注在令人「陶醉酥麻」的部位上，細細感受陰道黏膜以增加快感。另一方面，女性伴侶則因無法性滿意足，而處於「束手無策」的焦慮感越來越強烈的狀態之中，算是一種同時具有SM心理遊戲效果的活塞運動。

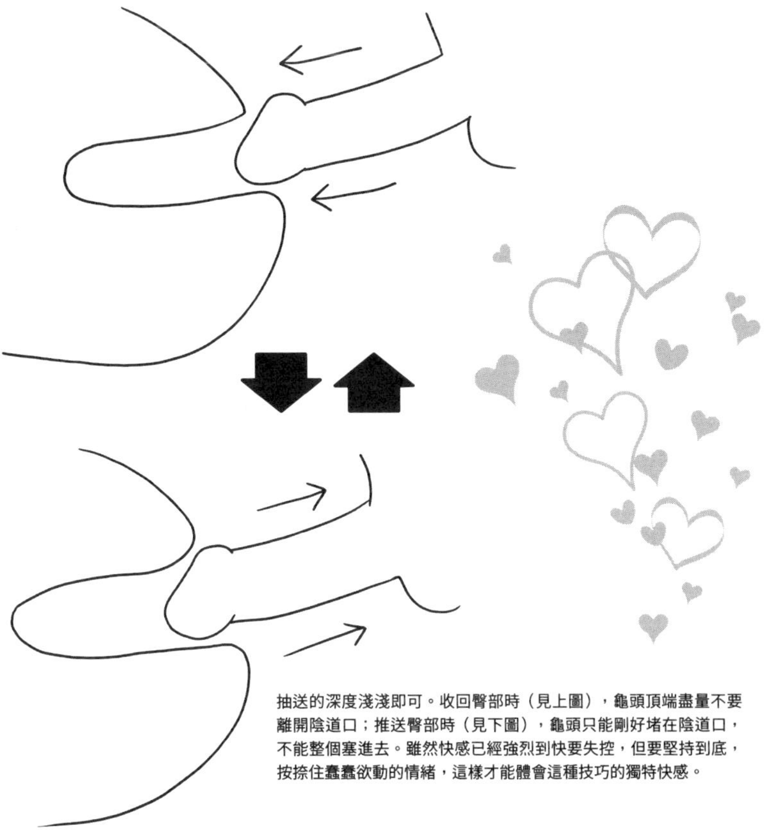

抽送的深度淺淺即可。收回臀部時（見上圖），龜頭頂端盡量不要離開陰道口；推送臀部時（見下圖），龜頭只能剛好堵在陰道口，不能整個塞進去。雖然快感已經強烈到快要失控，但要堅持到底，按捺住蠢蠢欲動的情緒，這樣才能體會這種技巧的獨特快感。

塞滿香蕉

PLAY 03

塞好塞滿再前推後抽

每次抽送陰莖都要整根插入陰道深處，直到根部完全埋藏在陰道裡的活塞運動。這項性愛技巧的好處，就是讓女性伴侶知道「有根長長的肉棒在進進出出」，同時整根陰莖也能充分感受到陰道黏膜的滑潤和溫暖。

其步驟如下：①將充分勃起的陰莖頂端貼放在陰道口上，②當龜頭頂端堵住陰道口時，③陰莖整個塞進陰道內，④頂到根部時，再收臀拉出陰莖，⑤當龜頭頂端快要抽離陰道口時，⑥再次推臀，將陰莖送入陰道裡。之後只要重複③~⑥即可，做數組也好，做到欲罷不能也無妨。

陰莖抽送的速度要適度且緩慢。扭腰的速度最好比照早操的暖身運動（也就是以一小節推，一小節拉）。另外，步驟④

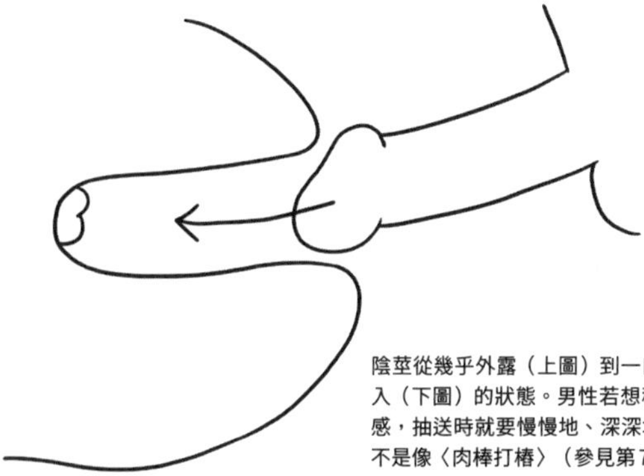

陰莖從幾乎外露（上圖）到一口氣整根塞入（下圖）的狀態。男性若想積極感受快感，抽送時就要慢慢地、深深地推臀，而不是像〈肉棒打樁〉（參見第70頁）那樣迅速抽送。

所謂的頂到根部，所指的是龜頭頂端頂到子宮口，或者陰莖根部接觸到陰道口這其中一種情況。

　這個技巧最重要的地方，在於無論抽送，都要一竿到底，不可以中途折返。插入時要從頂端推到根部，抽出時要從根部拉到頂端，盡量保持單向運動。如此一來，女性就能再次感受這一整根肉棒所帶來的快樂，而男性的整根屌也能沉浸在「完美包覆」的歡愉之中。

　只要這個「完美包覆」感受可以同一方向長時持續，說不定就能體會到一種性福人生永無止境的獨特快感。

抽出陰莖時，龜頭前端拉到陰道口的最邊緣，拔出時接觸的部分要達到這種程度，才是最理想的狀態。

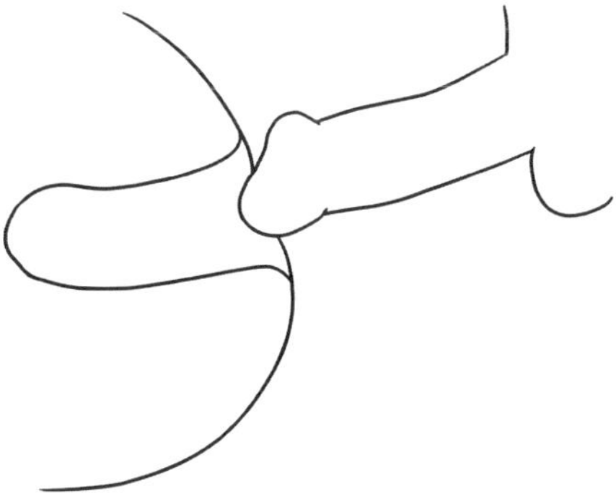

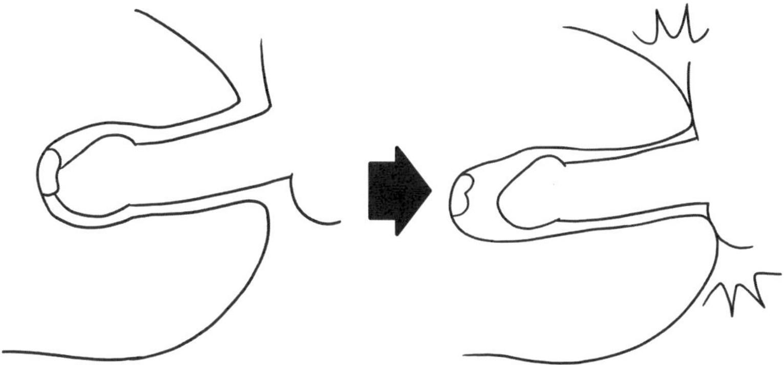

在步驟④提及的「頂到根部」有兩種解釋。一種是龜頭頂端頂到達子宮口，另一種是陰莖的根部接觸到陰道口。一般來說，以前者為標準的話通常沒問題，但情侶之間體型如果相差太大的話（男性較龐大，女性較嬌小），太過深入反而會讓女性的腹部（陰道深處）感到疼痛，因此只要龜頭碰到陰道深處，推臀動作就要適可而止。

龜額愛撫

PLAY 04

用龜頭的「額頭」集中摩擦隱藏的性感帶

將男性鮮為人知的性感帶，也就是龜頭的「額頭」緊貼在陰道內壁上集中摩擦的性愛技巧。

龜頭的「額頭」是指龜頭的頂端，相當於尿道口盡頭這一帶的部位。若是將其比做外星人的頭部，就相當於額頭。只要掌握讓此處有所感受的技巧，就可以體會到像用刷子輕撫頸部般酥麻的快感，是男性性器官當中，不同於包皮繫帶及冠狀溝下方的性感帶。而刺激這個「額頭」最好的方法，就是這項性愛技巧。

其步驟如下：先讓女性伴侶採取後背體位，腰整個往後彎，或是採取腰部稍微抬起的正常體位。採取正常體位時，女性可以刻意把腰（臀部）抬起來，亦可在女性的腰下墊個抱枕或枕頭，甚至把女性的臀部放在自己的私處上。

男性插入時腰要稍微低一些，插入之後由下往上頂。抽送時要保持這個姿勢，直接頂向陰道內壁上方（後背體位的話是尾椎後方的陰道黏膜，正常體位的話是下腹後方的陰道黏膜）。

抽送步驟是：①調整陰莖角度，先想像要把額頭頂在陰道黏膜上，②當額頭碰到陰道內壁時，③直接推臀，頂向前方。

陰莖在抽送時，要模仿招財貓「過來過來」的手勢。也就是手背朝上，握拳之後①彷彿要叫人過來般向前划，②當握拳的手背碰到「天花板」時，③先像抓天花板一樣輕撫，④之後再縮手往回拉。只要重複這幾個步驟，就可以磨蹭龜頭額頭。

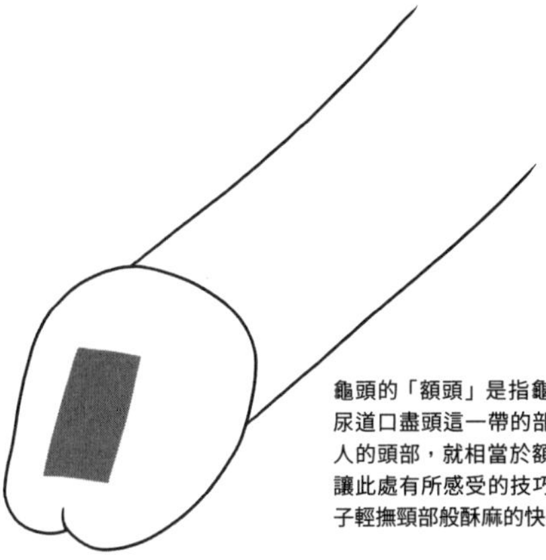

龜頭的「額頭」是指龜頭頂端的上面，相當於尿道口盡頭這一帶的部位。若是將其比做外星人的頭部，就相當於額頭這個部位。只要掌握讓此處有所感受的技巧，就可以體會到像用刷子輕撫頸部般酥麻的快感。

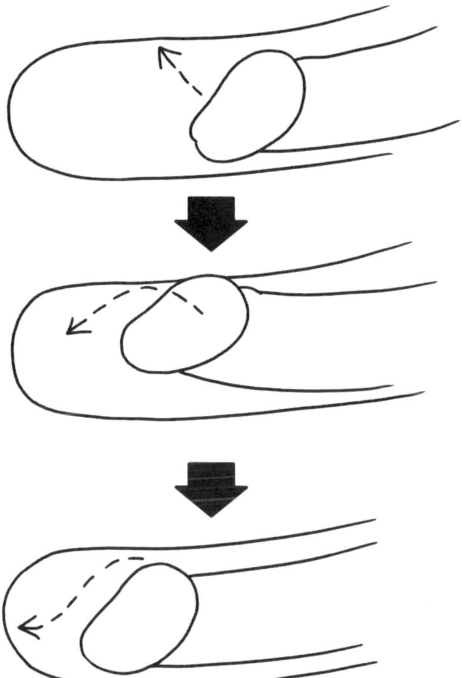

額頭要一邊頂住陰道內壁，一邊用力推臀，以便摩擦陰道內壁的黏膜，加以刺激。陰莖在抽送時要模仿招財貓「過來過來」的手勢。男性插入陰莖的時候腰要稍微低一些，插入時可以從下方往上頂。這個時候女性若能採取將腰整個往後仰的後背體位，或者是稍微把腰抬起來的正常體位，這樣男性在抽送的時候會更順利。

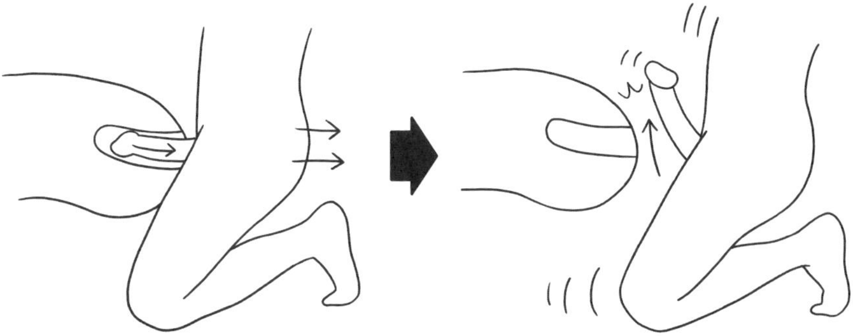

額頭擦過「天花板」時，若是坐著直接將陰莖拉出，有時反而會發出「啵」的一聲。想要煽動女性伴侶的羞恥心時，發出這樣的聲音會非常有效。

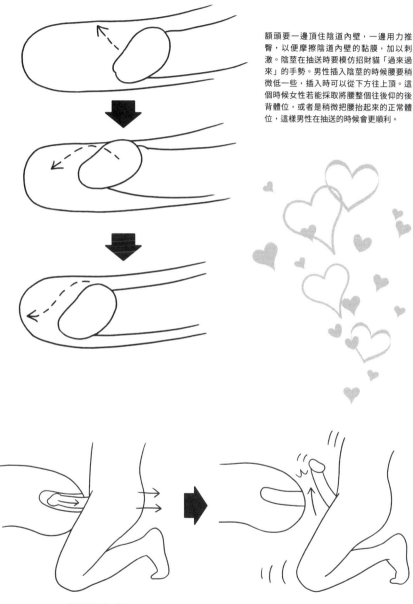

強制闔腳

PLAY 05

貼緊大腿，壓迫摩擦

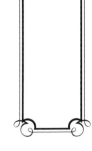

讓女性伴侶的雙腳（大腿）緊緊閉合，當陰莖抽送時，從兩側加以壓迫的性愛技巧。

其步驟如下：①陰莖插入陰道之後，②抱住女性的腿，拉近雙腿，③讓大腿朝內靠攏，④緊密貼合之後，一邊用手支撐，不讓其打開，一邊抽送陰莖。

在步驟①中女性張開雙腿沒問題。一開始就閉緊雙腿的話陰莖會不好插入，所以要等小弟弟登堂入室之後再合起雙腿。如此一來性伴侶也會比較容易察覺到雙腿閉合的情況，進而突顯出對比效果。陰莖在進行抽送的時候女性雙腿也要保持緊閉，這樣陰莖在抽送的時候，被大腿擠壓的陰唇就會從兩側與陰莖緊密貼合，讓身體感受到雙腳打開抽送時，無法體會的壓

以正常體位讓陰裂緊緊閉合的方法：將女性的兩條腿抱在一起，讓大腿緊密貼合，如此一來陰裂也會跟著緊閉。

迫摩擦感受。

大腿容易合攏的體位有三種：正常體位、側入體位及後背體位。採取正常體位時，只要將女性的兩條大腿抱在一起，腳就會緊密貼合。若是採取側入體位，上方的腿（女性向左側躺的話是左腿，向右側躺的話是右腿）緊貼在身體下方的腿上之後輕輕壓住，抓住雙腳腳踝也可以。若是採取後背體位，插入陰莖之後就請女性雙腿併攏。猛烈抽插帶來的動盪感覺也是一種令人回味無窮的樂趣。應用技巧方面，讓女性穿上緊身長褲，然後再拉到大腿中間的方法也不錯。雖然陰莖會因為無法張開腿部而難以插入，可是一旦進入活塞運動，男性的雙手就會空出來，這樣反而可以自由自在地愛撫陰蒂或乳房等其他部位。

以側入體位讓陰裂緊緊閉合的方法：只要將位在上方的那條腿（圖上是女性的左腿）緊貼在下方的腿上（圖上是右腿）即可。稍微按壓位在上方的大腿，或者是抓住雙腳腳踝也可以。

以後背體位讓陰裂緊緊閉合的方法・其一：如果採取跪姿的後背體位，從上面看會是這個樣子。插入後女性夾起雙腿，男性張開大腿置於其雙腿外側，屈膝跪在女性膝蓋外側。

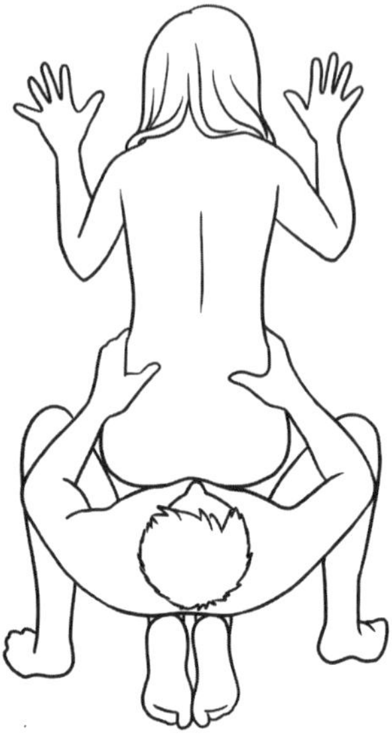

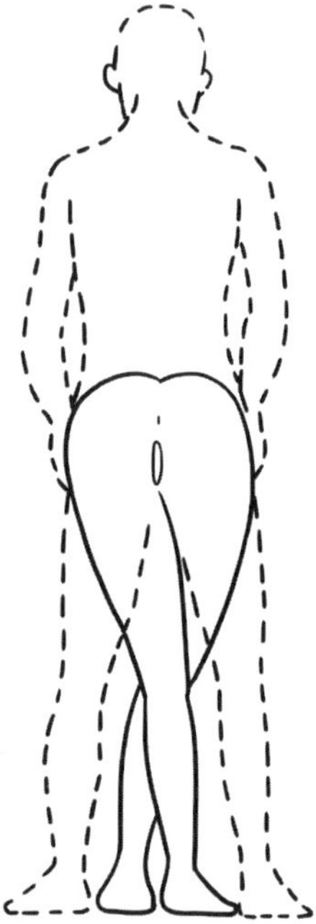

以後背體位讓陰裂緊緊閉合的方法・其二：就算採用後站立體位，插入後也可以要求女性夾緊雙腿，男性在其外側打開雙腳，並把自己的腳放在女性的雙腳外側。只要女性雙腳交叉站立，左右的陰唇就會更加緊密貼合。

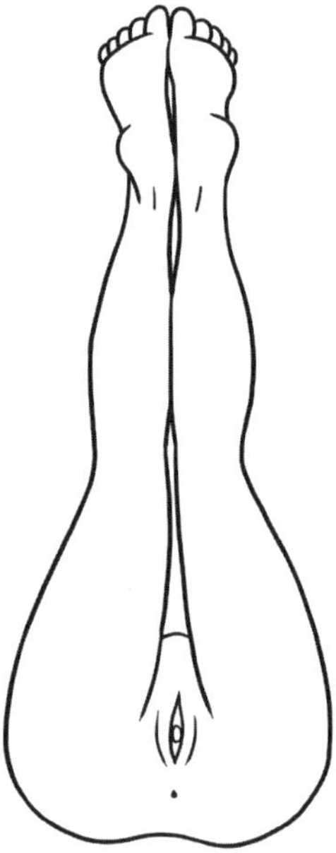

當雙腳緊緊閉合時，陰唇也會因為被大腿擠壓而緊閉。在這種情況下抽送的話，陰唇和陰阜就會緊緊包裹住陰莖，進而產生強烈的快感。

插圖：ありまなつぽん

磨蹭門檻

PLAY 06

針對入口處的「門檻」，精準磨蹭

用手指推開性伴侶的陰唇，並在這個狀態之下抽送，讓陰莖在陰道口專心磨蹭「門檻」黏膜的性愛技巧。由於陰莖只會接觸到小陰唇、陰道口周圍的粘膜，以及大陰唇等女性性器，與其他部位接觸面積非常小，因此承受的刺激就會變得十分強烈。閃亮溼潤的櫻色和深紅色女性性器黏膜「出入口」因為赤裸現身，進而讓男性在視覺上得到超高的效果。

方法可以大致分為兩種。一種是(A)插入之後再推開陰唇，另一種方法是(B)事先推開陰唇，之後再進行插入↓抽送這一連串的動作。無論採用哪種方式，都有一個共同點，那就是在抽送的過程中要用指尖將陰唇整個推開。可以用雙手（左右的拇指）推開，也可以單手（其中一隻手的

推開陰唇時，指腹的按壓位置剛好與小陰唇的陰道口呈水平狀態，同時也是在陰唇根部。只要按住這裡，朝左右推開，陰道口就會張開，讓人感受到與門檻接觸的滋味。

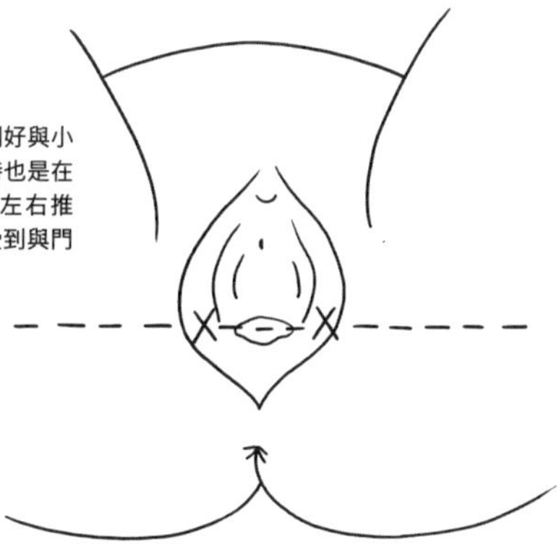

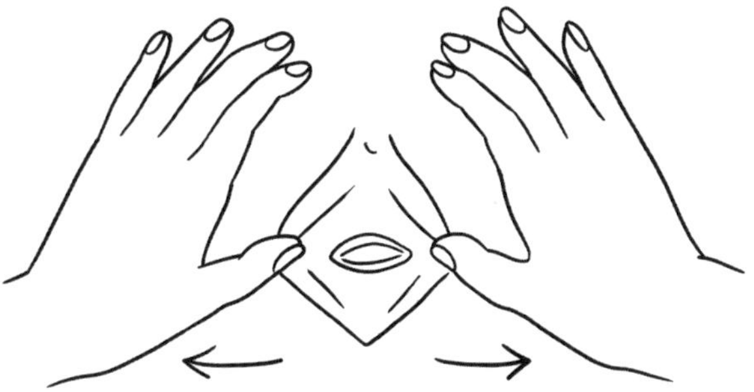

雙手撥唇：用兩手撥開陰唇的樣子，看上去頗能勾起人的嗜虐欲。
最常見的方式是用拇指指腹往兩邊撥。用食指推，或拇指食指並用夾起陰唇往外輕拉也可以。

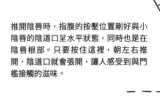

拇指與食指）撐開。用雙手推開時，視覺可以增加嗜虐性的效果；單手撐開時，另一隻手可以戲弄挑逗其他部位，優勢頗佳。不過這項技術要注意指尖按壓陰唇的地方。指腹的按壓位置要與陰道口呈水平狀態，而且必須在小陰唇根部。當然，每個人情況各有不同，但大致來講，大陰唇和小陰唇的延伸性通常都相當不錯。只是按壓及推開的地方若是不對，說不定就會導致陰唇雖然已經打開了，但是陰道口周圍的黏膜這個重要部位卻沒有伸展開來，因此要注意。

只要陰裂整個推開，露出的陰道口也完全張開的話，陰莖在抽送時就不會碰到陰阜或陰唇，可以單純與陰道口黏膜處的環狀部分摩擦，盡情感受穿越洞口的感覺。

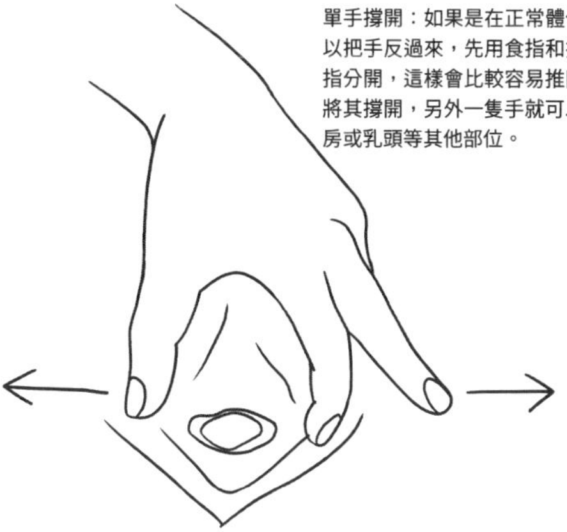

單手撐開：如果是在正常體位下進行的話，可以把手反過來，先用食指和拇指按住，再將手指分開，這樣會比較容易推開陰裂。只要單手將其撐開，另外一隻手就可以用來挑逗戲弄乳房或乳頭等其他部位。

因為陰莖進進出出的部分整個暴露出來，也能間接讓男性在視覺上得到超高的效果，當作某種羞恥Play也不失為一種樂趣。如果想要提升伴侶女性的羞恥心，請對方自己推開陰裂也是一個不錯的主意。

滾動肉棒

PLAY 07

以插入的陰莖作為軸心，左右翻滾女性的身體

將插入陰道的陰莖當作軸心，讓女性的身體左右滾動以摩擦陰莖周圍的性愛技巧。這項性技的目的，在於讓陰莖周圍全面感受被陰道內壁緊緊包圍的觸感。

其步驟如下：①以正常體位或側入體位合體，②陰莖插入到喜歡的深度之後，③把女性伴侶的腿放在不會阻礙活動的位置，④用手臂讓女性的身體朝左右滾動。

在進行步驟③時，女性可以抱著彎曲的雙腳，或者像〈強制闔腳〉（參見第50頁）那樣雙腳向前伸直。無論如何，陰莖插入的深度必須保持一致，這樣就能集中體會滾動的快感＝包覆陰莖的陰道壁所帶來的滑膩感。

在步驟④，男性的陰莖要直指的女性的頭頂，直接插入陰道裡，幻想要以此為

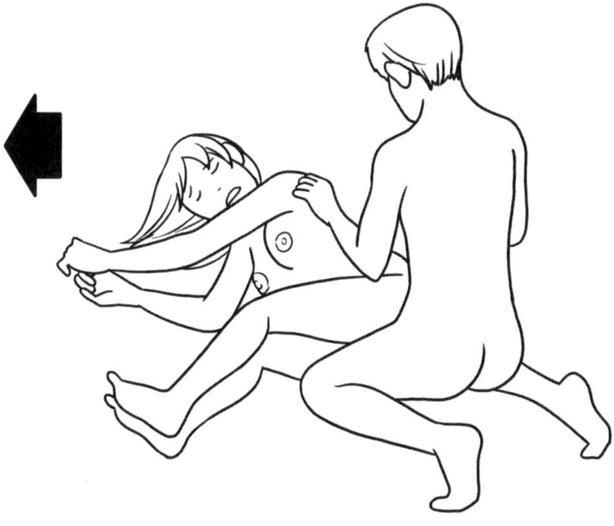

合體之後將插入的陰莖當作主軸，讓女性的身體旋轉。也就是：以朝左的側入體位→正常體位（仰躺）→朝右的側入體位的順序轉動身體之後，再換成：朝右的側入體位→正常體位（仰躺）→朝左的側入體位的順序，讓身體轉回到原本的位置。之後重複相同步驟，讓女性的身體左右轉動。

軸心來轉動女性的身體。只要想像一下烤乳豬的情況（雖然實際只需旋轉半圈），應該就會比較容易理解。

應用技巧方面，也可以一邊抽送陰莖，一邊左右轉動女性身體。這項技術雖然需要極高的體力和肌肉力量，但如果能夠同步旋轉和抽送，就可以體會到扭動的複雜快感。而更進階的技術，就是女性身體在轉動的同時，男性也可以朝反方向轉動臀部。

不管是基礎、應用還是進階，採用這項性愛技術時，一定要先塗滿潤滑液，這樣轉動身體的時候才會更加順暢。

腳的位置 其一：女性屈膝，抱住雙腳。

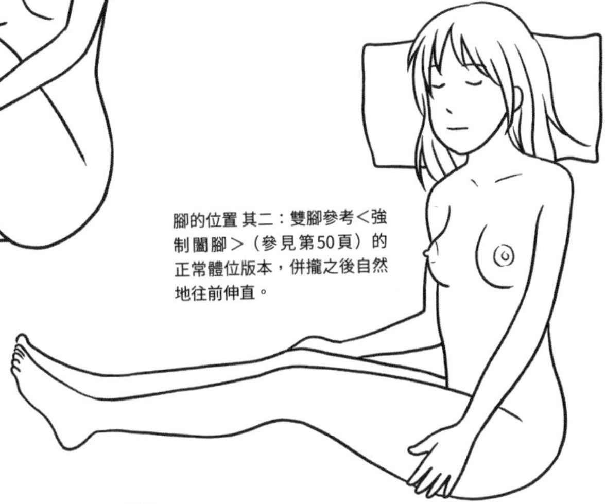

腳的位置 其二：雙腳參考<強制闔腳>（參見第50頁）的正常體位版本，併攏之後自然地往前伸直。

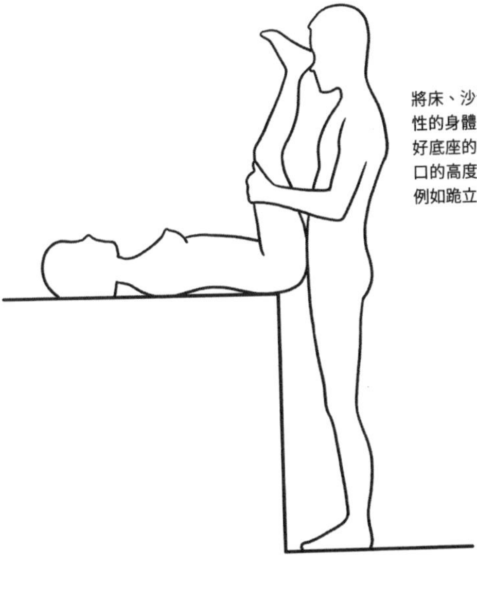

將床、沙發及桌子當作底座，稍微抬高女性的身體，這樣做起來會比較輕鬆。決定好底座的高度之後，男性就可以配合陰道口的高度，選擇自己比較好活動的姿勢，例如跪立、半蹲或站立。

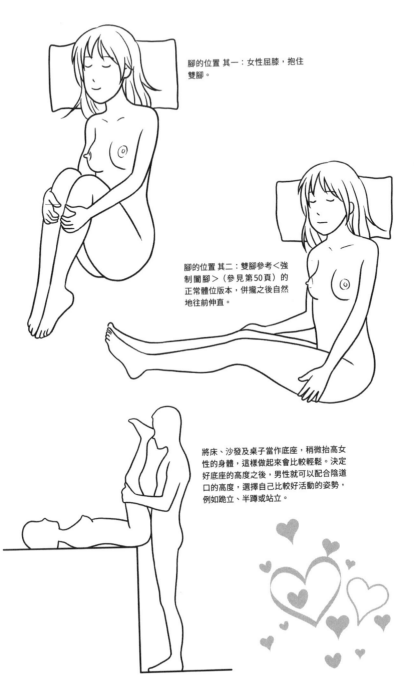

插圖：只野さとる

頂撞深穴

PLAY 08

敏感的龜頭頂端頂在堅硬的子宮口上

將陰莖插入陰道最深處，用陰道底部的黏膜壁及子宮口刺激龜頭頂端的性愛技巧。

其步驟如下：①將充分勃起的陰莖貼放在陰道口上，②一旦開始推臀插入，③就一竿進洞，中途不可停下，④當陰莖整個插至根部之後，就趁勝追擊再頂一次。

每個步驟的重點如下。

步驟①最重要的，是陰莖一定要硬如石頭。萬一充血不足，達陣的距離就會變短，這樣非但無法對陰道內壁的黏膜施加力量，想要觸碰頂端更是難上加難。

在進行步驟②時，盡量不要刺激陰道內壁，要沿著擴展的陰道順順插入。無端刺激可能導致陰道內壁緊張收縮，讓抵達陰道最深處的這個原本的目標變得難以達

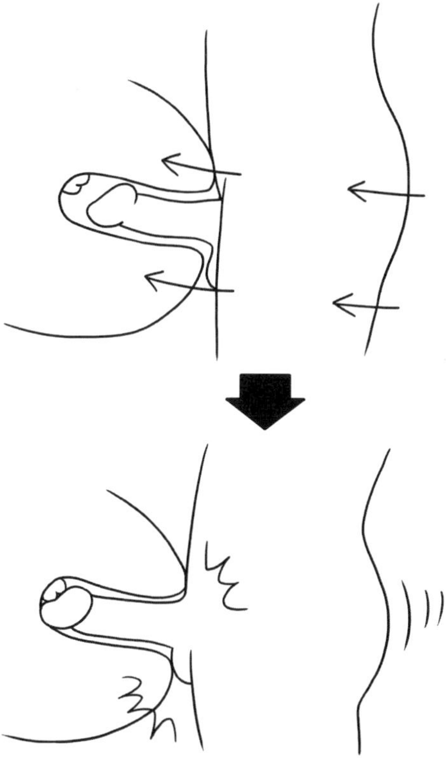

先深深插入（上圖）。這個時候即使龜頭頂端已經到達子宮口，也可以再多推一下，使其整個深入底部（見下圖）。「再多推一下」的意思是，用陰莖根部彷彿要把性伴侶的陰阜壓扁般用力推臀。

成。

進行到步驟③時要慢慢推臀，讓陰莖確實推開陰道內壁這一關，擠進陰道最深處。

進行到步驟④時就算還沒有到達最深處，但只要用陰莖的根部擠壓女性的陰阜，就有充分的機會頂到最深處。女性的私處是非常柔軟的，就算插到底的時候已經碰到最深處，只要加把勁再用力頂一次，陰莖頂端就可以整個壓在子宮口上，細細感受那堅硬的感覺。

即使完全勃起，龜頭仍會保留微妙的柔軟度。而這個頂端特別敏感的尿道口周圍若是被堅硬的子宮口壓迫，就會產生一股難以言喻的微妙快感。子宮口根部附近對女性來說是一個排行相當前面的性敏感帶，只要不停刺激，定能大大提升女性伴侶的快感。

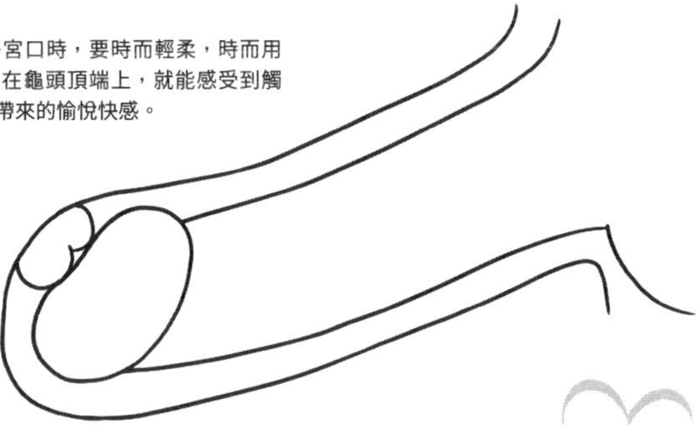

用龜頭頂端擠壓子宮口時，要時而輕柔，時而用力。只要專注精神在龜頭頂端上，就能感受到觸感略硬的子宮口所帶來的愉悅快感。

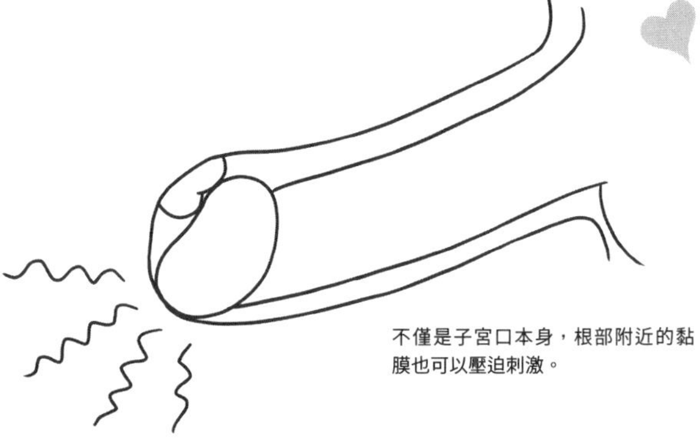

不僅是子宮口本身，根部附近的黏膜也可以壓迫刺激。

雙重享受

PLAY 09

摩擦陰道內壁和打手槍兩種快感雙享，奢侈的活塞運動

陰莖一邊在陰道抽送的同時，一邊用手指刺激露出陰道部分的性愛技巧。這是一種能同時體驗陰道摩擦和打手槍的性技，也就是在同一個時間內享受性交和手淫這兩種不同快感、相當貪婪的活塞運動。

這個技巧大致上可以分為4種。(A)男性自己動手；(B)讓女性伴侶幫忙打手搶，或者(C)自己的手不動，只扶著陰莖，但不搓揉，只靠抽送的動作來摩擦；(D)讓女性握住陰莖，只靠抽送的動作來摩擦。也就是說，這項技巧可以分為用自己的手（A・C）或者是借用性伴侶的手（B・D），來進行手交（A・B）或者是只扶著陰莖但不搓揉（C・D）等方式。但不管採用什麼樣的方法，基本的流程不外

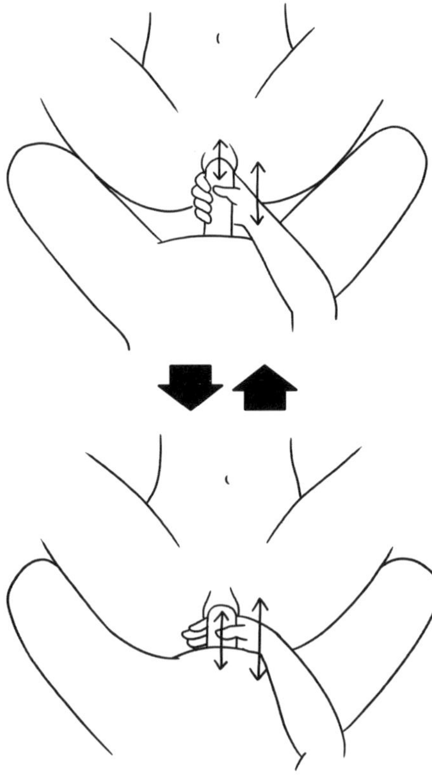

推臀抽送的時候，手也要握著陰莖搓揉。除了自己動手，亦可請性伴侶幫忙。此外，推臀的時機若能配合手部的動作，或者稍微花些心思，交錯進行也不錯。

乎：①將陰莖插入陰道中，②用手扶持露出的陰莖，③推臀抽送。採用手交這個方式時，要在步驟③搓揉陰莖。不搓揉的話，那就要在步驟③把手指比個圈狀，好好固定住陰莖。搓揉的話可以得到和手交一樣明確的快感，不搓揉的話可以享受陰道滑溜的柔嫩觸感，亦即有別於手指堅硬粗糙的摩擦感。後者的話可以固定位置，只要自己（或請對方）調整壓力，時而緊握，時而放鬆也不錯。另外，除了深插只搓揉陰莖根部之外，亦可插入一半，同時享受陰道黏膜和手交的快感，或者只插入頂端，牢牢握住露出的肉棒……只要改變陰莖露出陰道的量，調整抽送與手交的比例，得到的感受就會分外不同。

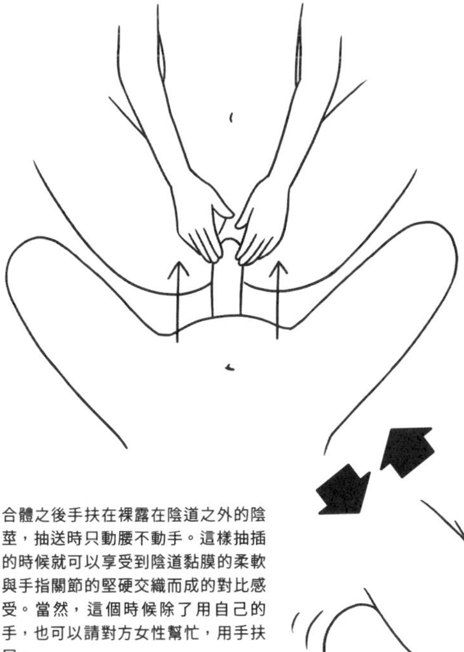

合體之後手扶在裸露在陰道之外的陰莖，抽送時只動腰不動手。這樣抽插的時候就可以享受到陰道黏膜的柔軟與手指關節的堅硬交織而成的對比感受。當然，這個時候除了用自己的手，也可以請對方女性幫忙，用手扶屌。

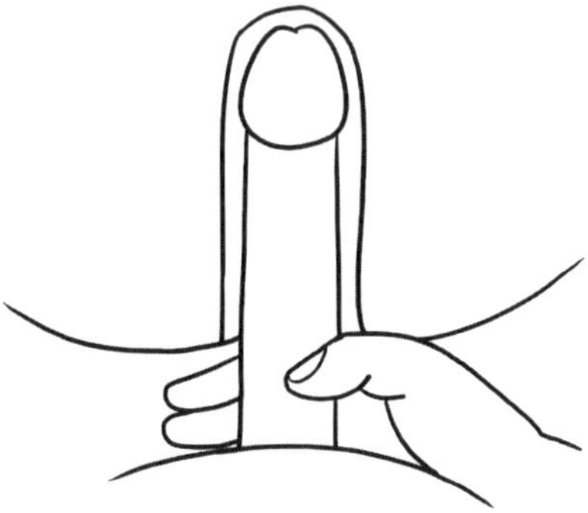

插入的深度大致分為三種：1. 深插，只摩擦根部、2. 插入一半，同時享受陰道黏膜和手指所帶來的觸感，以及3. 只插入頂端，緊緊握住露出的長長肉棒。至於是想要專注在手指的觸感上，還是當作黏膜快感的輔助，就根據當時的心情來選擇吧。

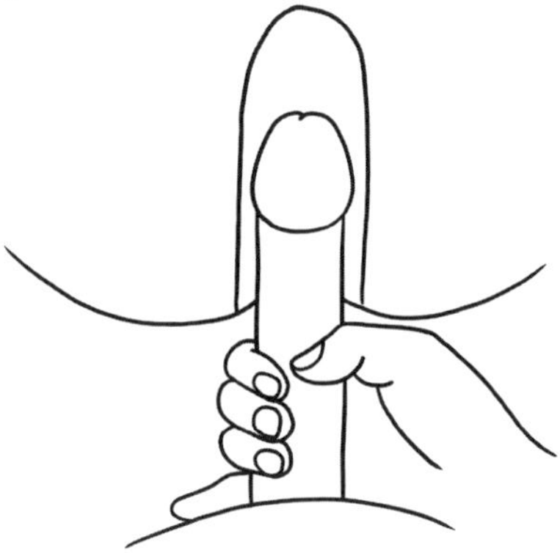

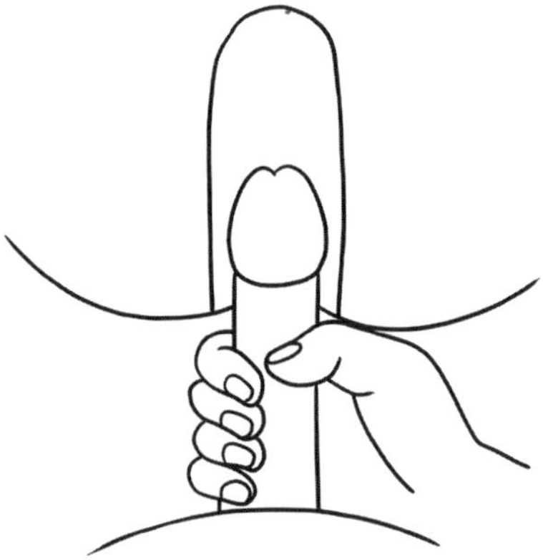

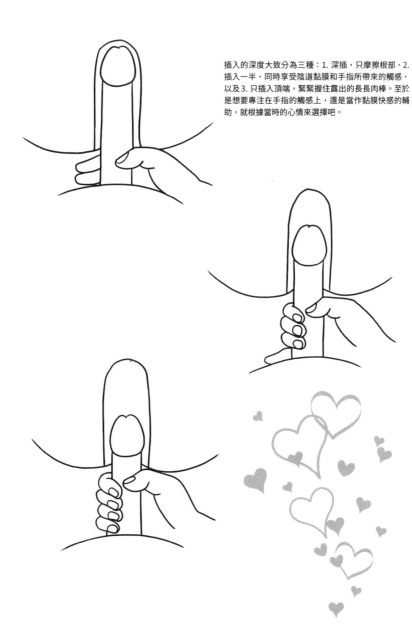

插圖：KOJI

活體飛機杯

PLAY 08

將女性身體視為巨大的飛機杯，享受自慰的感覺

將女性身體當作巨大的飛機杯抽送陰莖的方法。男性不須扭腰擺臀，指靠臂力移動女性的身體，讓陰莖進進出出，以達到類似活塞運動的效果，是一種將女性視為自慰工具，略帶虐待性快感的性技。

其步驟如下：①陰莖勃起之後插入陰道，②男性腰部固定不動，③抓住女性的身體，④只用臂力推動女性，抽送陰莖。

這項技巧的重點，在於模仿用飛機杯上下搓揉陰莖，用手（手臂）來推動女性的身體。但是「只靠臂力來移動女性的身體」，體位當然就會受到限制。因此最容易進行（＝用省力的方式來移動女性）的姿勢，就是跪立進行的後背體位。具體的方法是：①兩人採取跪立的後背體位合體之後，②男性雙手緊緊抓住女性伴侶的側腰，③手臂前後移動女性的身體，抽送陰莖。當然，在這段期間內，男性腰部要好好固定，保持不動。

陰莖順利插入之後可以摩擦左側，或者是用力磨蹭右側；也可以讓包皮繫帶與陰道內壁緊緊貼合，摩擦陰莖頂部也不錯。再不然就是直線抽插、旋轉進出，甚至是緩慢深入地抽送，抑或節奏明快地進出……。在改變頂撞位置或抽送方式時，自己的位置不變，以手挪動女性的身體就可以了。如此一來，男性只顧自己的獨爽情慾就會更加強烈。

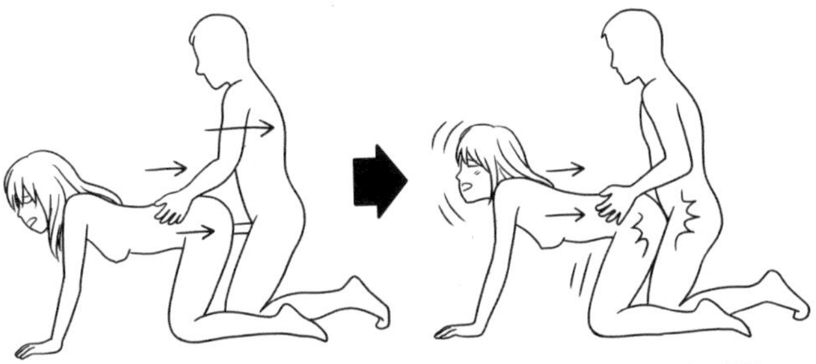

插入時男性不要移動身體（尤其是腰），用臂力把女性的身體往自己拉就好。只要身體拉近，讓兩人的私處緊密結合，陰莖就會順其自然深入陰道裡。抽出的時候也是一樣，男性不須要拉臂，只要再次用臂力把拉近的女性身體推開即可。只要男性身體牢牢固定，就可以讓兩人的私處分開，如此一來陰莖也會自動滑出陰道。

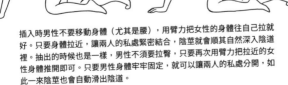

插圖：春海

COLUMN
02

先繳械的藝術

有時晚洩會比早洩還要討人厭。對女性來說，晚洩不僅會帶來「尷尬」或「無聊」等精神上的折磨，愛液的分泌量若是比較少的話，有時還必須承受肉體上的痛苦，例如陰道黏膜或陰蒂疼痛、出血，甚至私處連續好幾天隱隱作痛。提升愛撫和抽送技巧、開發女性快感固然是對策之一，但是有時刻意早點繳械，其實也不失為是一種愛的表現。

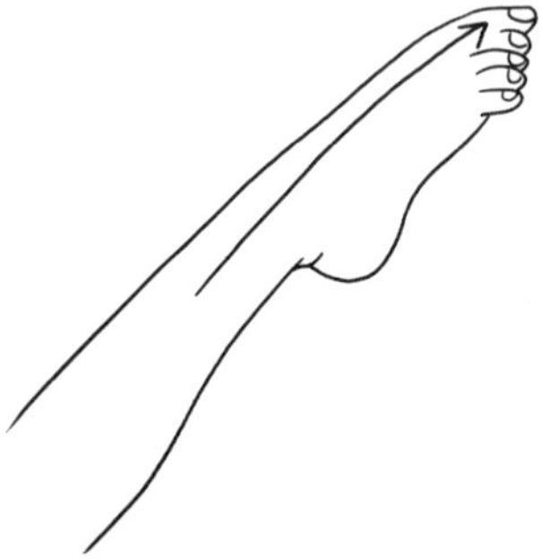

腳踝向後彎，大腿到腳尖整個伸直的話會比較容易達到高潮。也可以如圖片箭頭所示，從腳踝到大拇趾指尖的肌肉整個用力。除了伸直腳踝，陰莖根部用力（也就是收縮肛門，或是和〈肉體擂缽〉（參見第94頁）一樣，想像用力彈起陰莖）的方式也頗有效果。

男性自己將手指插入肛門，刺激前列腺也是早洩的祕訣。但要是被女性發現的話，就怕會破壞彼此之間的關係。為了避免這種情況發生，男性最好在女性看不見的地方插菊花，例如採取後背體位。相反地，如果對象是一個能夠理解情況、充滿好奇心，或者是性技不錯的女性，請對方幫忙指交也是一個不錯的選擇。

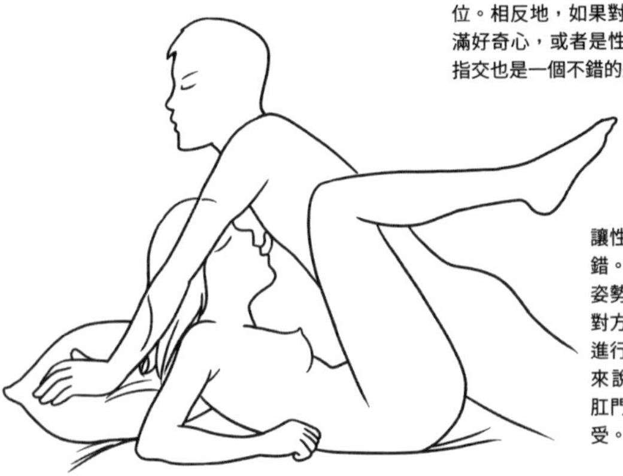

讓性伴侶逗弄乳頭效果也相當不錯。除了用手指刺激之外，如果姿勢允許，一邊抽送陰莖一邊讓對方舔舐、吸吮甚至甜咬乳頭，進行唇舌愛撫也可以。對於女性來說，刺激這些部位應該會比肛門（前列腺）還要來的容易接受。

第3章 高潮迭起的活塞運動

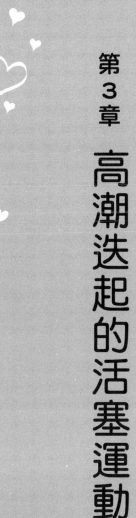

肉棒打樁

PLAY 01

用又粗又硬的樁狠狠頂撞

將挺立的陰莖如搗年糕，勇猛插入性伴侶的陰道裡的性愛技巧。

其步驟如下：①陰莖充分勃起之後，②碰到龜頭頂端似有若無地靠近陰道口，③頂住的瞬間立刻將陰莖推入陰道底部，之後抽出，接著重複①～③的步驟即可。

步驟①最重要的一點，就是陰莖要硬如鐵。半勃起的柔軟狀態非但無法完全插進深處，就連女性伴侶也會覺得這根屌似乎非常虛弱。更可怕的是，龜頭頂端進洞時若是偏離陰道口，不慎「撞壁」的話，極有可能讓陰莖陷入折斷的危險之中。

就體位而言，讓男性採取正常體位，將女性的腿放在肩膀上是最為一般的方式。只要男性將女性的腳踝（阿基里斯腱）掛在自己肩膀上，托起性伴侶的腳，這樣不管動作有多激烈，照樣能保持穩定。

②高高抬起的女性腰部揮因為猛力撞擊而下沉，如同猛力拍打般讓腰部整個往下壓時，陰莖就可以趁勢推入。另外，為了讓性伴侶能夠在第一擊就能明確感受到陰道「被貫穿的感覺」，陰莖採取行動時要和〈直搗香穴〉一樣，要在彼此的黏膜尚未接觸的狀態之下一口器插至底部。不過第二擊以後的抽送就可以自由發揮，不管是完全抽出，還是直接在陰道裡進行打樁都可以。在進行下一次的推擊時只要龜頭頂端繼續保留1～2公分在陰道口裡，連續抽送攻擊就不是問題。

③只要利用女性腰部一度下沉，再利用反作用力抬起時順勢抽出陰莖，這樣就可以減輕腰部在移動所承受的負擔了。

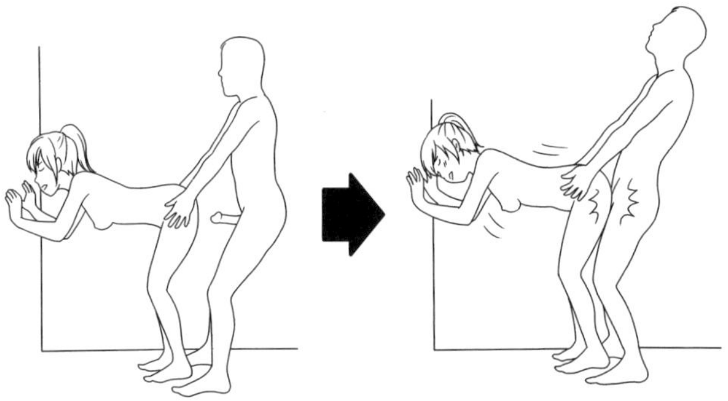

採用後背式的話，前進突刺時女方容易慣性往前逃，如此一來壓迫感就會減弱不少。為了避免發生這種狀況，可以讓女方用手抵住牆，或在她前方放一些能抵銷衝力的東西。也可以讓女方兩腿微開站著，這樣朝前打樁時就不會被她的大腿擋住，可以用陰莖好好地集中攻擊想操幹的地方。

插圖：只野さとる

PLAY 02

兩淺一深

有時淺塞，有時深插，帶著節奏進進出出

兩次淺塞之後，再來一次深深推入的活塞運動。就是和跑馬拉松或生產時採用的呼吸法一樣，按照節奏和速度抽送陰莖的性愛技巧。

其步驟如下：①陰莖插入之後，②先在陰道口淺塞兩次，③之後再深深插入一次。重複進行時，節奏一定要固定。

淺塞時感覺就像是將陰莖插入一半至陰道中，深插的話則是將陰莖完全插至底部，這樣想像會比較有個具體概念。如果想要讓活塞運動高低起伏更加明顯，「淺塞」的時候可以稍微扭動一下，「深插」的時候就像要用這根肉棒猛力打擊（參見前項），這個時候推臀的力道如果也有明顯的強弱變化那更好。

進行活塞運動時只要節奏固定，就可

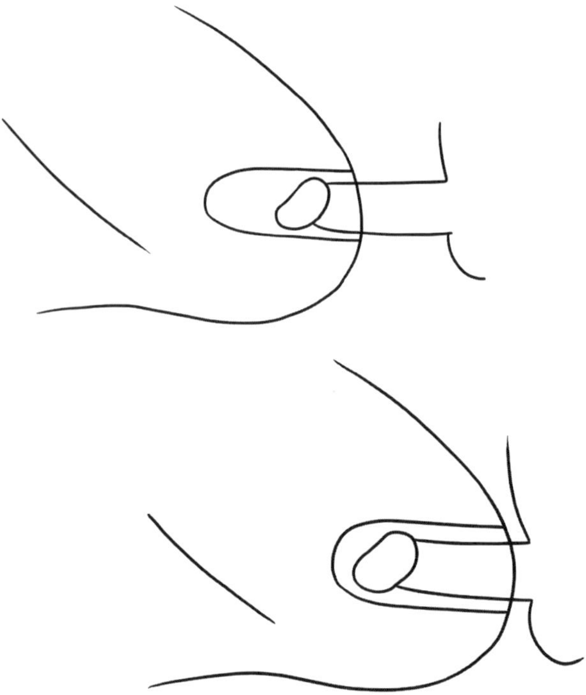

淺塞（右圖）和深插（左圖）。淺淺塞入時力道要輕一點（速度要慢一點）；深深插入時力道要強一點（速度要快一點），這樣就能利用陰莖插入陰道的壓力（≒速度），讓活塞運動更有變化與節奏。

以讓女性對感受最為強烈的一擊（通常是指相當於「一深」的深插）更加期待，並且做好心理準備，全心全意地接受這最強烈一擊的所帶來的「強大威力」。因此，不管是「三淺一深」、「兩淺兩深」，還是「一淺一深」、「兩淺兩深」（重複？），只要淺塞搭配深插，節奏固定，怎麼組合都可以。

某個組合就算做膩，也不要突然切換節奏，因為這樣會讓身為受動者的性伴侶感到混亂，反而不容易跟上變化節奏。某一個節奏若是做久了想要稍微變化，這個時候可以先隨機進行淺塞，或者穿插另一個活塞運動來刷新感受。之後重新加入節奏，或者轉換成另一種節奏模式，就可以以全新的心情再次享受到這個技巧的新鮮感。

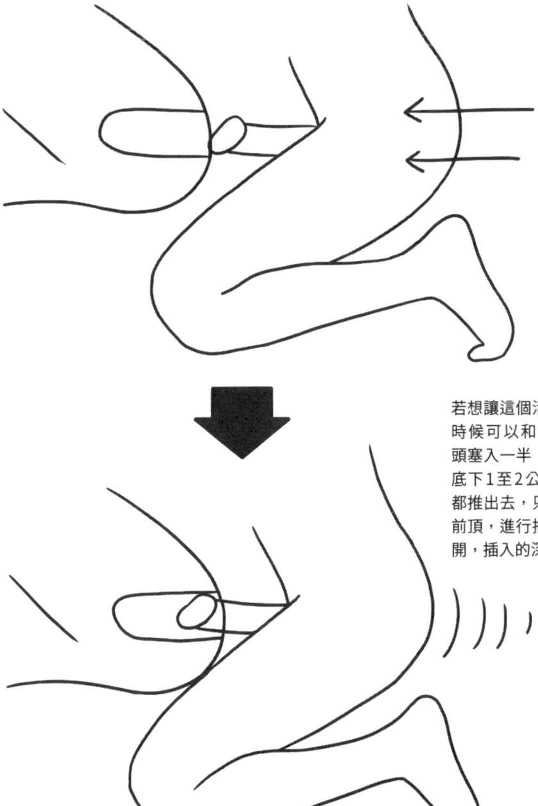

若想讓這個活塞運動更有高低起伏的變化，淺塞的時候可以和〈淺層活塞〉（參見44頁）一樣，龜頭塞入一半，就算要稍微深入，也頂多插至冠狀溝底下1至2公分處。因此推臀的時候不需整個腰部都推出去，只要稍微扭動腰部，就能足以讓陰莖往前頂，進行抽送。只要陰莖根部與陰道口的距離拉開，插入的深度就會自然而然地變淺。

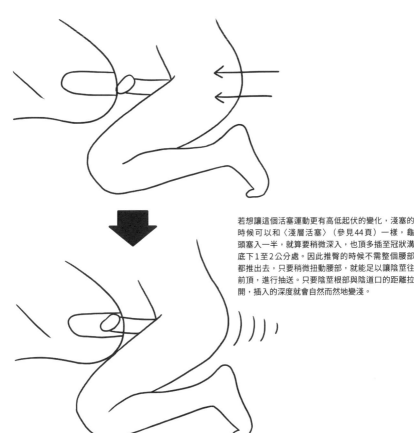

若想讓活塞運動高低起伏更加強烈，深插的時候可以和〈肉棒打樁〉（參見前項）一樣，強而有力地插入。只要能如此清楚地給予強烈對比，應該沒有女性不會注意到這個活塞運動的節奏。

插圖：ありまなつぽん

PLAY 03

前庭集中摩擦

龜頭頂端鍥而不捨，刺激G點

集中刺激幾乎位在陰道前庭中央部位、堪稱女性性器代表之一的性敏感帶，俗稱G點的性愛技巧。

陰道前庭的性敏感帶，通常位於陰道內壁的腹側（不是尾椎，而是肚臍這一側），也就是距離陰道口約5公分處。用中指或食指插入至第二關節附近之後，指腹朝女性的腹部彎曲時，指尖觸及的地方即是。只要壓迫或搓揉這個部位，就可以讓女性伴侶絕頂升天，不過這項技巧的重點不在於手指或工具，而是要用陰莖來摩擦刺激。

其步驟如下：①採取正常體位，當陰莖插入三分之一至一半時，②男性身體往後仰，括約肌也跟著用力，讓陰莖跟著往上翹，③讓翹起來的陰莖頂端（龜頭頂端

陰道前庭的性敏感帶，亦即所謂的G點，通常位於陰道內壁的腹側（不是尾椎，而是肚臍這一側），也就是距離陰道口約5公分處。用中指或食指插入至第二關節附近之後，指腹朝女性的腹部彎曲時，指尖觸及的地方即是。

的上面）磨蹭當時接觸到的陰道部位，前後扭腰擺臀，抽送陰莖。

在步驟①插入的深度取決於每個人的陰莖長度。當然，陰莖較長的男性要插得淺一點，較短的男性就要插得深一點。重點在於在步驟③要讓龜頭頂端的上方碰到陰道前庭。

在進行步驟②時，要盡量讓陰莖頂端的銳角部分頂住陰道內壁。只要頂端的銳角碰到陰道黏膜的部分越多，施加的力量就會越大，如此一來，女性伴侶所得到的快感就會更加明顯。

而步驟③最重要的，就是要讓龜頭頂端一直觸碰陰道前庭這一帶。因此，陰莖在抽送時動作不要太大，盡量小幅度地前後推臀。腰部擺動的幅度原則上以前後各10公分為標準。亦可稍微伸直彎曲的膝蓋，上下頂撞刺激。

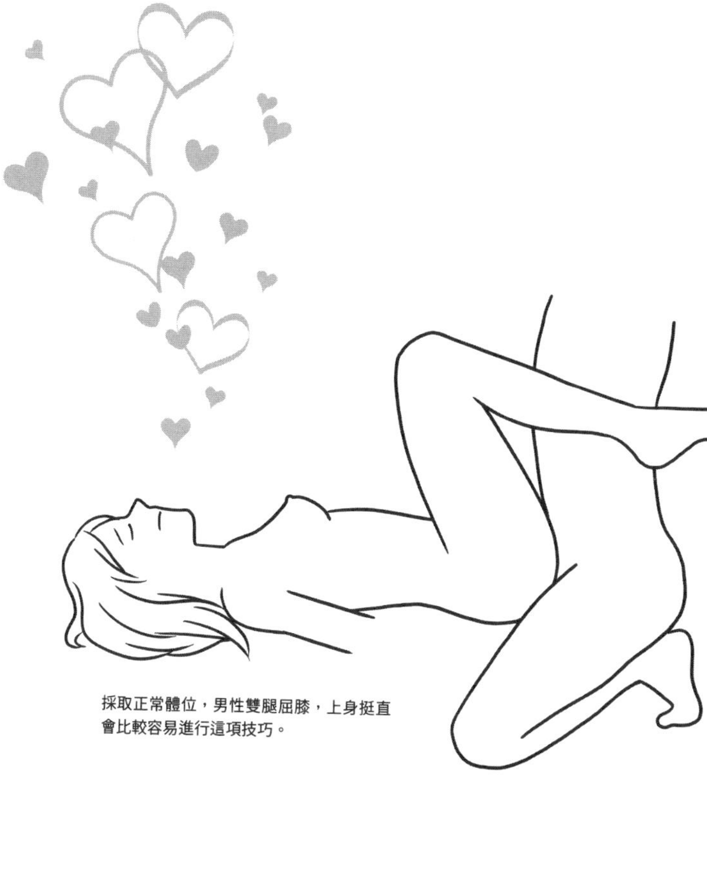

採取正常體位，男性雙腿屈膝，上身挺直會比較容易進行這項技巧。

上身挺直，插入陰莖之後只要挺胸往後仰，龜頭頂端上方就會在陰道內部刺激前庭部。男性上半身往後仰的同時只要收縮括約肌，讓陰莖往上舉，龜頭頂端的銳角就會觸碰到前庭部。之後抽送陰莖時只要前後搖動臀部，就可以摩擦觸碰陰道的地方了。

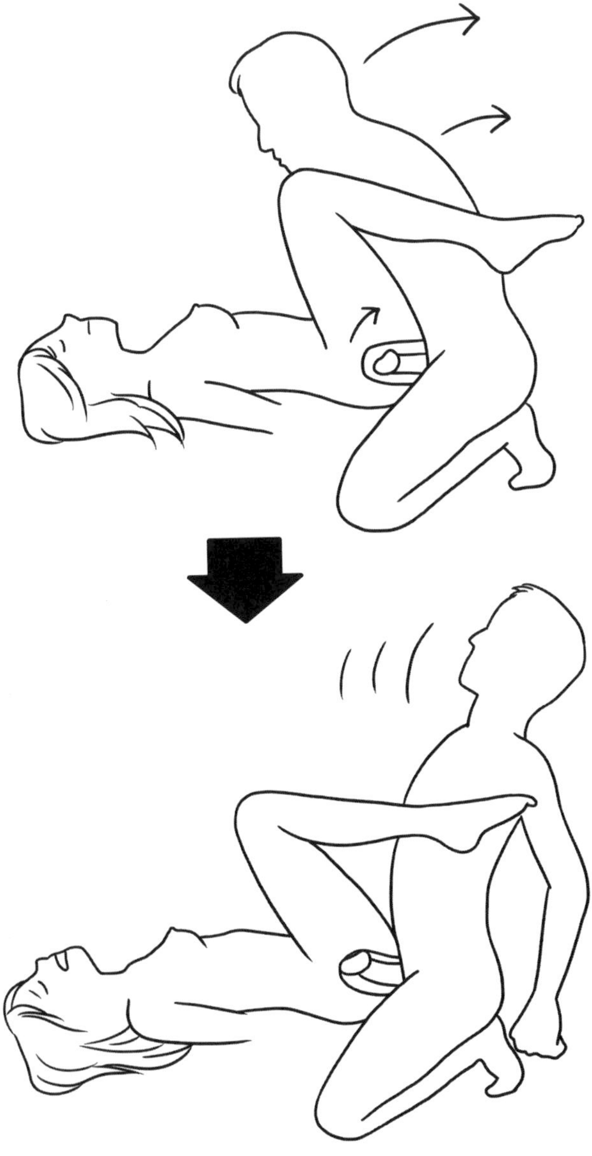

插畫：只野さとる

PLAY 04

刮削壁面

利用陰莖「彎曲的弧度」來刮削陰道內壁

陰莖通常會稍微偏左右其中一方彎曲（大多數的人都是偏左）。而這項性愛技巧，就是利用陰莖「彎曲的弧度」來讓龜頭頂端以刮削的方式來摩擦陰道。算是〈專蹭前庭〉（參見前項）的陰道壁全方位版本。

步驟如下。

①陰莖在插入性伴侶的陰道之前，先確認是朝哪個方向彎曲。

②扭腰擺臀時，彎曲那一側的龜頭頂端要更用力地壓在陰道內壁上，並且調整撞擊位置。

③位置調整好之後，保持這個位置並且推臀，用龜頭頂端去摩擦陰道內壁。

重點在於步驟②——腰的移動方式。舉例來講，如果陰莖是偏左彎，插入之後

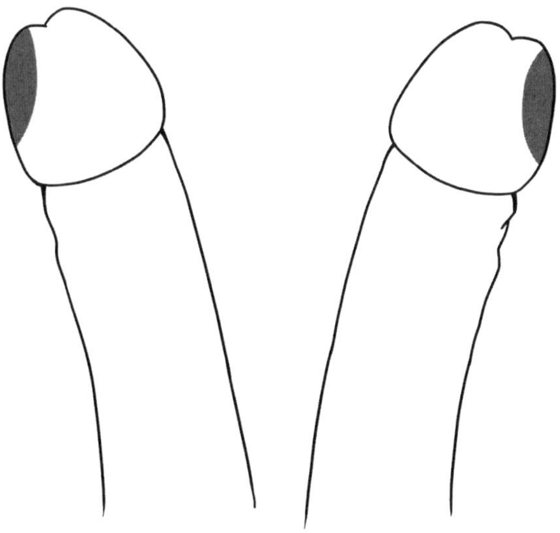

以插入視角從上方俯瞰時，陰莖若是偏左彎（見左圖），刮削陰道內壁的地方就會是龜頭的左側（圖中的灰色部分）；如果是偏右彎曲（見右圖），刮削陰道內壁的地方就會是龜頭的右側（圖中的灰色部分）。

只要根部稍微偏陰道口的右側，觸碰的感覺就會比較明顯。因為龜頭頂端的銳角部分只要碰到陰道內壁，接觸面積就會變小。既然如此，產生的快感就會變得強烈又清晰。

陰莖在抽送時要偶爾回到原本的角度（例如將根部移回陰道口正面），或者放寬角度（例如陰莖偏左彎的話，根部就對著陰道口稍微朝左移動），以減緩龜頭頂端觸碰陰道內壁時所帶來的刺激，進而與重點式刺激有所區別。

總之要記住一個重點，那就是先掌握到那話兒的「彎曲程度」並且多方嘗試，盡量找出一個最佳模式，看看屌兒要刺激陰道內壁的哪個地方、頂撞的壓力要多大才能為女性伴侶撞出性福。

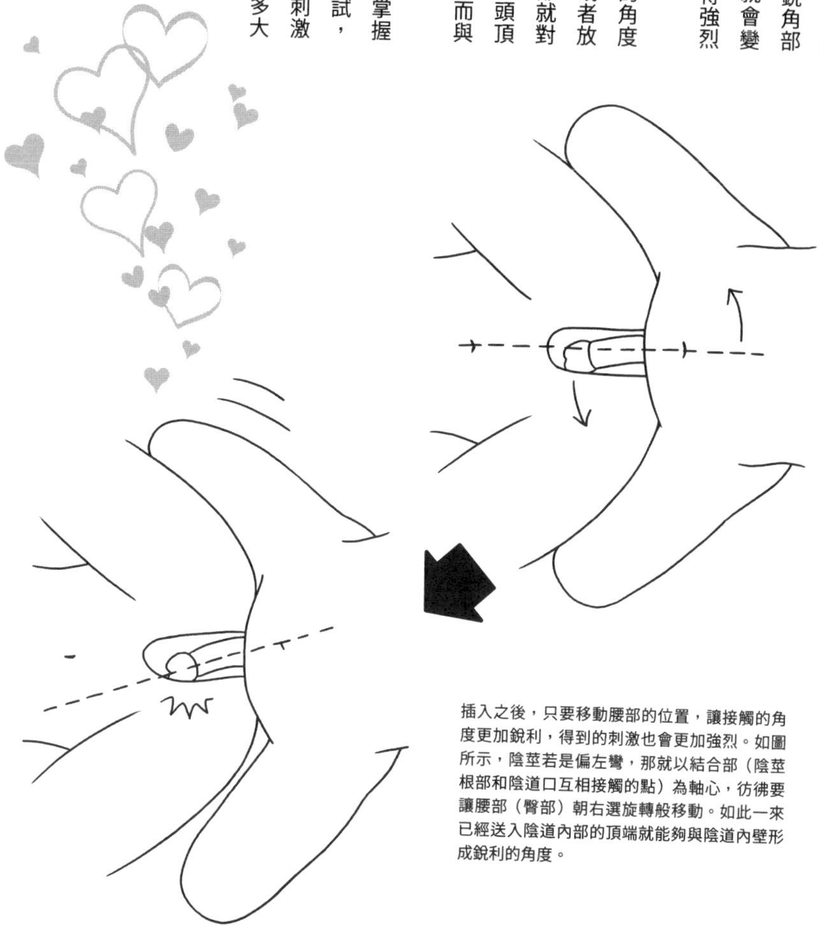

插入之後，只要移動腰部的位置，讓接觸的角度更加銳利，得到的刺激也會更加強烈。如圖所示，陰莖若是偏左彎，那就以結合部（陰莖根部和陰道口互相接觸的點）為軸心，彷彿要讓腰部（臀部）朝右選旋轉般移動。如此一來已經送入陰道內部的頂端就能夠與陰道內壁形成銳利的角度。

恥骨蹭蒂

PLAY 05

利用以男性為主體的騎乘體位，猛烈磨蹭陰蒂

男性處於騎乘體位，用手推動女性腰部的同時，一邊用恥骨（陰毛）壓迫陰蒂，一邊摩擦的性愛技巧。

其步驟如下：①以騎乘體位合體，②女性上半身挺直之後，③男性扶著女性的腰，④用力前後推動。

這項技巧最大的特色，在於雖然是採用騎乘體位，但是主導權卻在男性手上，而不是女性。由於性伴侶本身的重量可以壓迫陰蒂，因此女性迅速達到高潮的機率也跟著提高。為此，進行到步驟②時，女性的上半身一定要挺直（與男性的身體＝地面垂直）。如此一來，就能夠讓女性靠自己的體重以及引力，讓陰蒂輕鬆地而且緊密地壓在男性的恥骨上。女性跨坐在男性身上時雙腳（大腿）會整個張開，讓

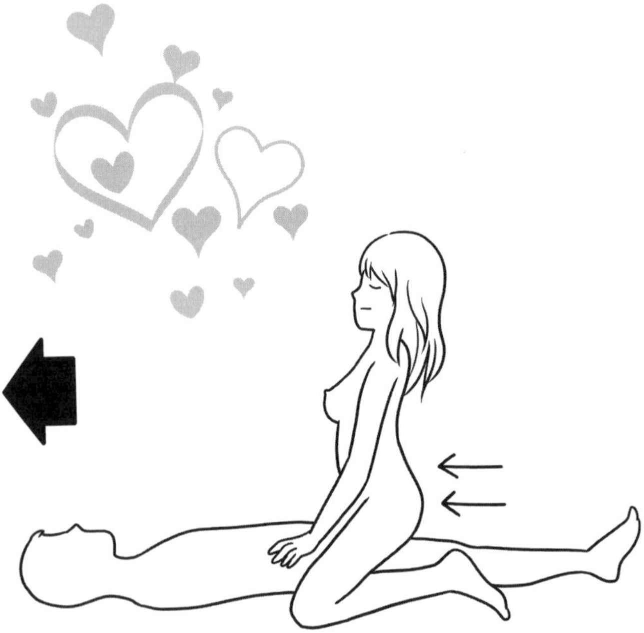

只要女性的腰前後擺動，陰蒂就可以在男性的陰阜（陰毛）上磨擦。這個時候女性上半身保持不動，只要腰部前後滑動（移動）即可。

陰裂也跟著拉開，在這種情況之下，陰蒂也會從包皮中整個暴露出來。只要陰蒂完全裸露，壓迫的時候刺激也會更加強烈。這也是採取騎乘體位的好處之一。不僅如此，這個時候還可以順便教導女性慢慢熟悉騎乘體位呢。

扭動（女性）臀部的人主要是身在下方的男性。移動方法有兩種。一種是(A)男性雙手抓住性伴侶左右突出的腰骨前後移動，另一種是(B)一手抓住突出的腰骨前後移動，另一隻手的手掌放在臀部（尾椎附近）上推。方式(A)的優點，是可以讓女性的腰部像「擺錘運動」那樣扭動；而方式B的優點，則是可以讓女性的腰部快速前後移動。

以插入陰道裡的男性陰莖作為軸心，轉動女性的腰部，並用男性的陰阜（陰毛）來摩擦女性的陰蒂。陰莖根部的肉若能像搓揉女性陰阜那樣轉動會更好。

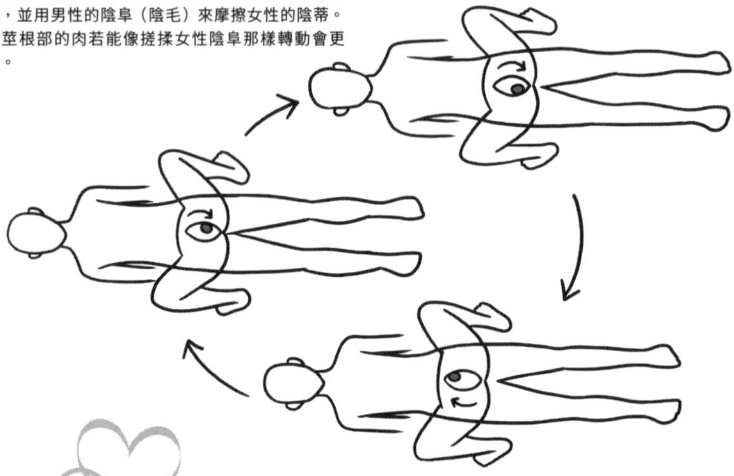

除了傳統的騎乘體位，對面坐式體位也能得到相當不錯的效果。只要緊緊互相擁抱，彼此的私處就會受到強烈壓迫，光是如此，就足以讓陰蒂整個緊緊壓在男性的恥骨上。值得強烈推薦給重視肌膚相親，或者是女方身高較高的情侶。

插圖：春海

巨柱速頂穴

PLAY 06

利用富有彈性的腰力與引力，從下方快速向上頂

採用騎乘體位，讓男性扭腰擺臀，從下方迅速又有力地向上頂撞的活塞運動。

其步驟如下：①首先採取騎乘體位合體。②合體之後，(A)女性屈膝，兩人緊緊擁抱，讓彼此的胸部緊密貼合，或者是(B)讓女性蹲在男性的下體上方，接著③男性立起膝蓋，並利用背部和大腿肌肉從下方迅速而強勁地往上頂。

步驟①不僅可以使用傳統的對面坐式體位，還可以選擇在後一邊看著女性的背，一邊交合的反女牛仔式體位。但不管採取哪種體位，主導權都在男性手上，亦即由男性扭腰擺臀，抽送陰莖。

在步驟②採用方式(A)的時候，男性的手若能繞到女性的側腰部位，緊緊抱住對方身體的話，這樣女性的身體就能保持穩

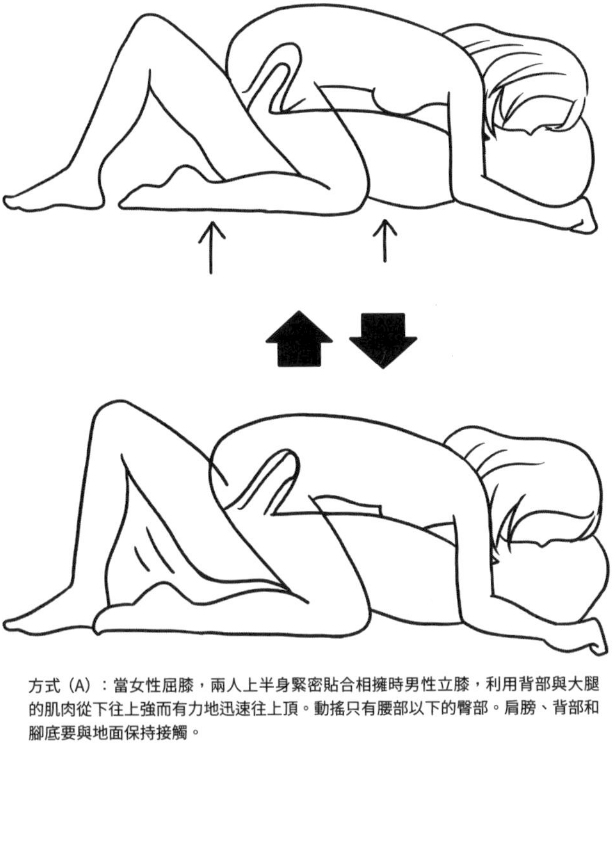

方式（A）：當女性屈膝，兩人上半身緊密貼合相擁時男性立膝，利用背部與大腿的肌肉從下往上強而有力地迅速往上頂。動搖只有腰部以下的臀部。肩膀、背部和腳底要與地面保持接觸。

定，快速抽送時會更輕鬆。當然，緊抱對方的時候力道要適當，可別讓對方喘不過氣來。若是選擇方式(B)，男女雙方可以握住彼此的手，這樣動作會比較穩定。這個時候男性的手肘如果能放在（或立在）地板上的話會更加穩定。

步驟③就只有腰部以下的臀部要擺動。從肩膀到背部中間以及腳底都要緊緊貼在地面上（或床上）。

這項技巧是藉助引力，讓陰莖從陰道抽出時不需收縮臀部的肌肉。換句話說，男性只只要有力氣往上推，就能夠以較少的勞力達成速度等同甚至超過〈快速活塞〉（參見第40頁）的活塞運動。

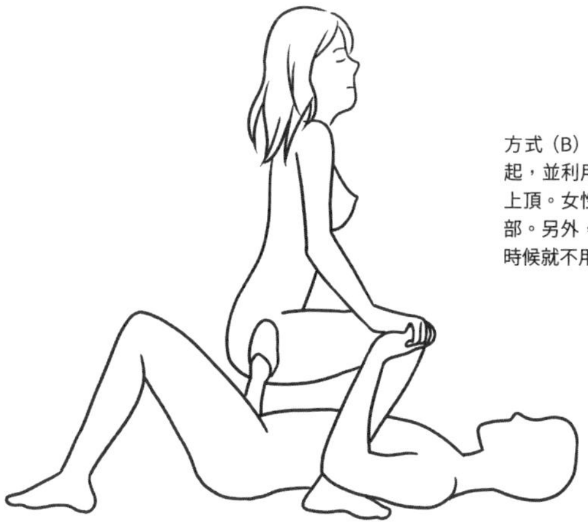

方式（B）：女性蹲在男性下體上方。男性膝蓋立起，並利用背部和大腿肌肉從下方迅速而強勁地往上頂。女性蹲下時臀部懸空，不要碰到男性的下腹部。另外，兩人雙手只要緊握，這樣在抽送陰莖的時候就不用擔心女性會摔倒。

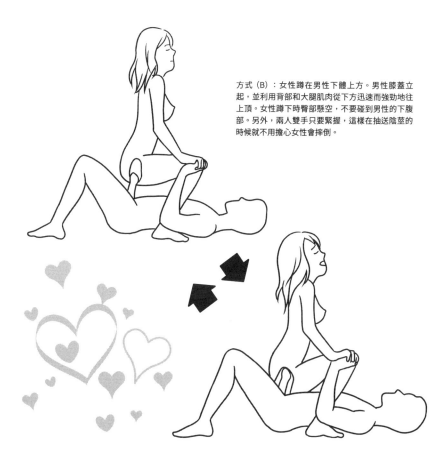

除了對面坐式體位，還可以嘗試反女牛仔式（男性看著女性的背部進行的騎乘體位）。但不管採取哪種體位，主導權都在男性手上，亦即由男性扭腰擺臀，抽送陰莖。

插圖：KOJI

自由落穴

PLAY 07

將跨坐在下體上的女性抬起之後，「砰」的一聲放下

採取騎乘體位時，男性抬起女性伴侶的腰之後，放手讓對方的身體自然落下，使陰莖快速插入到最深處的性愛技巧。這是與〈恥骨蹭蒂〉（參見第82頁）和〈巨柱速頂穴〉（參見前項）並列由男性主導的三大騎乘體位活塞運動之一。除非對自己的臂力相當有自信，加上女伴體重非常輕盈，否則這項技巧不適合連續施展。但就鬆開女性腰部的那一瞬間，陰莖頂端就能立刻頂到最深處這一點來看，確實相當誘人。其所帶來的壓力與速度感，可說是把刺激深處及高速推進這兩種活塞運動結合起來。不僅如此，這項技巧在視覺上，還可以欣賞到女性上上下下頗富活力的動作，故在進行女性動作較少的活塞運動，如〈淺層活塞〉（參見第44頁）和〈強制

將陰莖送進陰道內，用手撐住女性的臀部之後，抬起性伴侶→突然鬆手，讓女性坐落下來。這個時候女性身體要放輕鬆（特別是腿和腰）。另外，這個時候女性若是扶著牆壁、床、桌子，或者是男性身體的任何部位的話，男性鬆手時就不會自然落下，所以女性雙手一定要空下來，不可以攙扶任何東西。

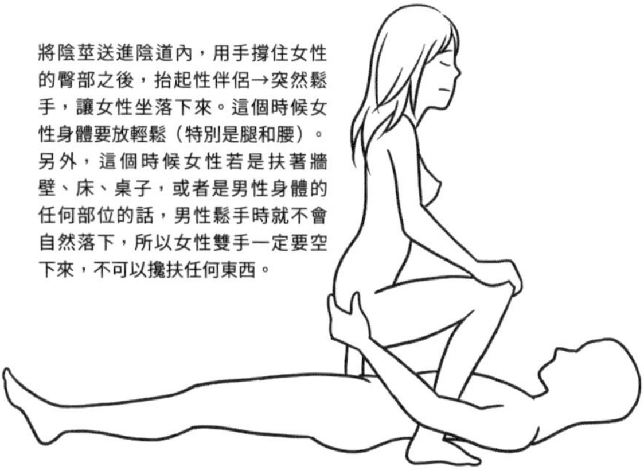

闔腳〉（參見第50頁）之間穿插這項性技的話，亦能帶來畫龍點睛的效果。

其步驟如下：①採取騎乘體位合體之後，②男性用雙手抬起女性的腰。③盡量抬高到陰莖不會脫離的範圍內，④接著鬆手讓女性的腰部落下。

在進行步驟①時，只要當女性採取屈膝深蹲的姿勢，男性在抬腰時就會比較容易。這個部分可以參考〈巨柱速頂穴〉步驟②的方式(B)。

到了步驟②若讓女性自己也提起臀部的話，男性手臂的負擔就會稍微減輕。只如果要這麼做的話，當男性的手離開臀部的那一瞬間（最好就在那一刻），女性的腿及腰也要跟著放鬆。

步驟③剛開始進行的時候，可以先讓陰莖半露於陰道之外，等習慣之後再慢慢增加次數，同時外露的面積也跟著增加。最後若能達到讓龜頭的最頂端全部暴露出來，那麼這個技巧就可以算是已經達到登峰造極的境界了。

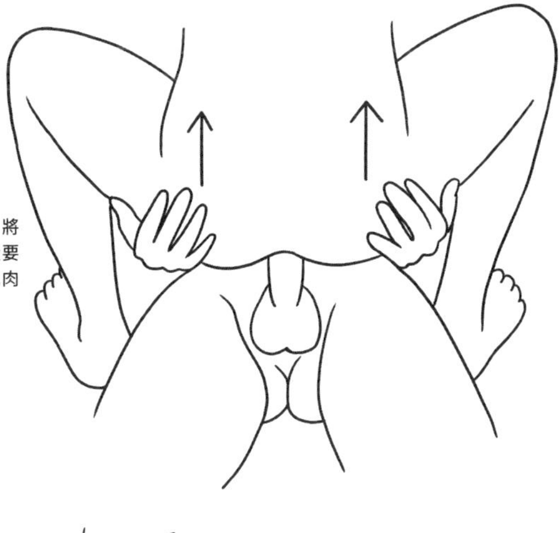

手墊住女性臀部的下方，將對方的身體往上抬。力量要集中在手腕（上臂）的肌肉上。

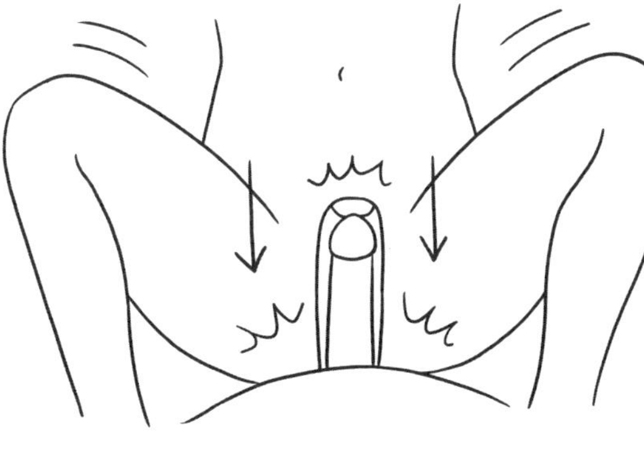

只要女性迅速而且俐落地往下坐，龜頭頂端就能以適當的強度撞擊子宮口。這項技術（雖然需要臂力，但）不需費力推送女性的臀部，就能和〈頂撞深穴〉（參見第60頁）一樣，藉由壓迫子宮口的方式來得到刺激龜頭。

下腹指壓

PLAY 08

用指尖在恥骨上方按壓，在陰道壁上形成凹凸狀

手指用力按壓女性伴侶下腹部時，同時抽送陰莖的性愛技巧。只要從外側壓迫陰道，內側容積就會變小，如此一來陰道內壁就會更容易被陰莖摩擦。

步驟如下：①陰莖插入陰道，②用手指按壓女性伴侶的下腹部之後，③再抽送陰莖。在步驟①還不須壓迫陰道，因為按壓下腹部時女性的陰道口通常會自然而然地閉合，這樣反而會不太容易插入陰莖。

步驟②施壓的位置在恥骨上緣距離肚臍約3公分的中央，也就是在骨盆（恥骨）結束而且開始變得柔軟的部位。這個地方通常在陰毛生長邊緣1~2公分高的地方。指尖要深深地壓住這裡。

要注意的是手指碰觸的部分。嚴格來講，在下腹部肌膚上按壓的應該是指腹，千萬不要用指甲。立起指甲按壓的話不僅會刮傷性伴侶的肌膚，下腹部的皮膚與肌肉也會感到疼痛，在這種情況之下，對方可能會拒絕讓你用足夠的力量按壓下腹部。就算沒拒絕，也會因疼痛而無法專注在性興奮上，這樣反而會衍生許多問題。

在步驟③抽送陰莖時要想像一個場景，那就是陰莖在摩擦的時候，也要感受隔著性伴侶下腹部的肉在上面按壓的指尖。在採取這項性愛技巧時，性伴侶的陰道前庭應該會被往下壓。只要龜頭頂端對準這個下壓的部位摩擦，這樣就能集中刺激人人口中的G點了。這個時候若搭配〈專蹭前庭〉（參見第76頁）這項性技，效果定會更加顯著。

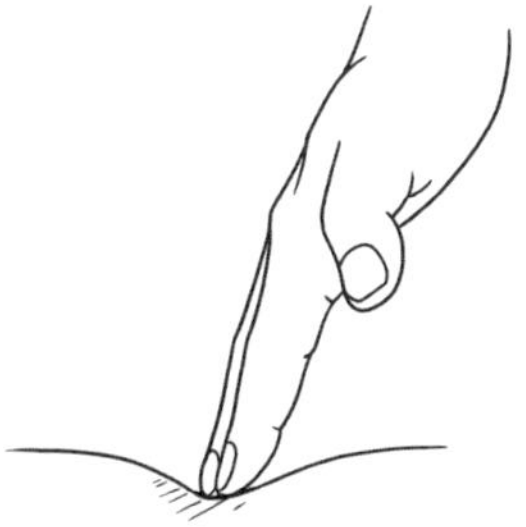

壓住下腹部的手指立的角度越大，相當於按壓處的陰道內部感覺就會越強烈。但若刻意立起手指，而且按壓的力道太強的話，反而會讓女性記住這麼做只會帶來疼痛，因此施力的時候一定要特別留意力道。

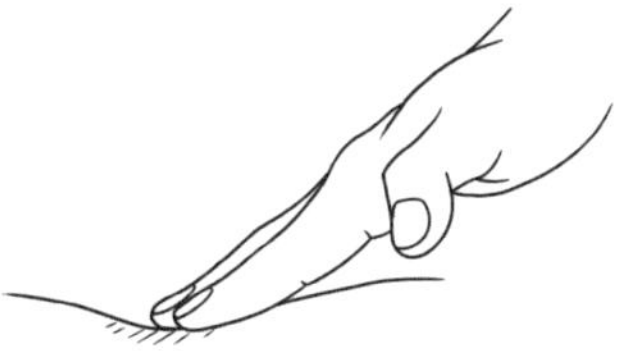

立起手指按壓的時候，女性若是反應下腹部會疼痛，那就稍微平放手指，盡量大範圍地慢慢按壓。

陰裂與肚臍之間，也就是恥骨邊緣開始變得柔軟的部位用指尖按壓。只要一承受到壓力，陰道內部靠腹部這一側的陰道內壁就會隆起。只要在這種情況之下抽送，隆起的部位就會摩擦到陰莖，進而產生極大的快感。

插圖：只野さとる

肉體擂缽

PLAY 09

以陰道為擂缽，用自己的肉棒細心研磨

把陰莖當作「擂棒」，陰道當作「擂缽」，一邊用力壓迫，一邊摩擦旋轉的性愛技巧。只要用陰莖的側面，宛如舔舐般在相當於鍋壁的陰道內壁刮擦，再利用龜頭頂端刺激敏感的子宮口及其根部，就能同時攻擊這兩個性感處。

步驟如下：①陰莖插入陰道，②深插到底之後，③讓女性伴侶的陰阜（陰唇周圍）壓在陰莖根部周圍的上方，盡量讓龜頭頂端頂到更深之處。盡可能深插之後，④陰阜的肉與陰莖根部保持貼合，⑤並在這種狀態之下大幅度地扭腰擺臀，讓陰莖在陰道內部攪動。

這項性技的重點，在於陰莖要盡量深插。因此進行到步驟③時，陰莖根部的肉要像彷彿要將性伴侶陰阜的肉壓扁般，讓彼此的下腹部緊密貼合。

在步驟④緊密壓迫，讓龜頭頂端頂到子宮口之後，也要繼續保持擠壓，繼續往前推，這樣頂端才會與子宮口保持接觸。

步驟④在保持壓迫狀態的同時，若想讓步驟⑤彷彿磨芝麻般旋轉扭臀，陰莖根部的肉就要在陰阜肉上面揉捏。如此一來陰莖側面就可以摩擦陰道側壁，進而展現挑逗的效果。

這個技巧的關鍵，在於用龜頭頂端不停刺激子宮口。而且力道不是蜻蜓點水，而是完全深插，不停施壓。只要女性伴侶感到下腹部有一股沉重的快感，這項技巧就算大功告成。

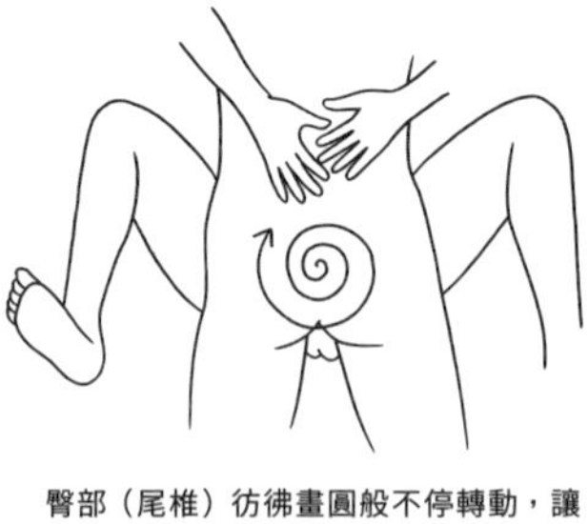

臀部（尾椎）彷彿畫圓般不停轉動，讓陰莖在陰道內部攪動。

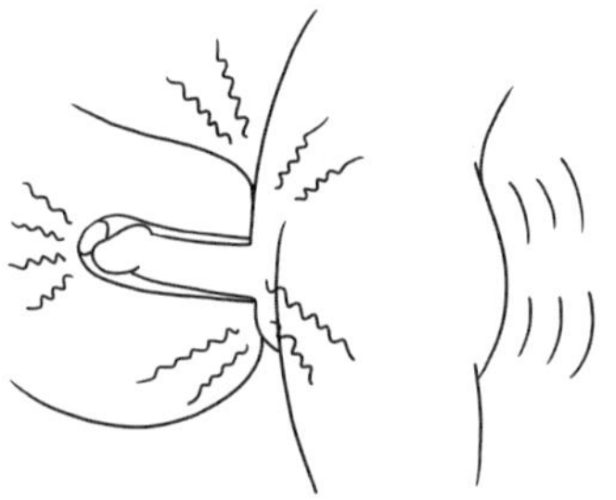

陰莖要像〈頂撞深穴〉（參見第60頁）那樣，彷彿要將性伴侶的陰阜肉整個壓扁般深深插入之後，一邊維持狀態，一邊旋轉腰部。在陰道內部扭動時，龜頭頂端最好能一直頂在子宮口或根部那一帶。

插圖：ありまなつぼん

採取正常體位時，性伴侶的腿放在肩膀上，輕輕地抬起臀部，使其懸在地面（床墊或床）上，這樣在施展這項技巧的時候會更容易。另外，用側入體位也不錯。

雙管齊下

PLAY 10

手指陰莖聯手，一同衝向陰道

手指和陰莖同時插入陰道的性愛技巧。這項技巧結合了傳統的陰莖活塞運動以及所謂的指交愛撫，為陰道帶來雙重刺激。粗大的陰莖在手指的輔助之下，帶給陰道口「滿滿的性福」，而手指的關節部位還帶來了粗糙的刺激感。

步驟如下：①陰莖插入陰道之後，②手指從陰道口和陰莖之間的間隙插入。當陰莖和手指都塞進陰道之後，③再一邊推腰送臀，一邊抽送陰莖，同時移動手指，刺激陰道壁。

在進行步驟①時，也可以反過來先插手指，後插陰莖。在這種情況下，手指若能先拉開陰道口的邊緣，使入口變寬，這樣陰莖要插入的時候會順利一些。

在步驟②插入的手指最好是食指或中

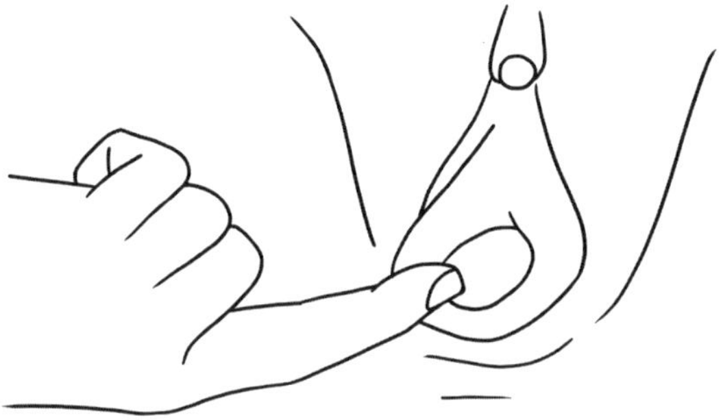

手指先插入的時候，第一個登門入室的手指可以先將陰道口拉開，讓入口變得大一點，這樣龜頭會比較容易溜進去。不過陰道口的黏膜非常脆弱，拉的時候盡量不要太用力，也不要用指尖去摳。

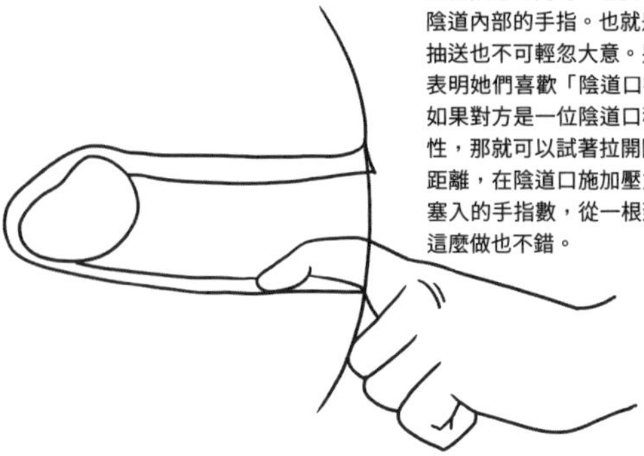

同時插入手指和陰莖時會是這種情況。陰莖在抽送的同時，也要小心移動跟著插入陰道內部的手指。也就是說，插入之後的抽送也不可輕忽大意。另外，有些女性會表明她們喜歡「陰道口被塞爆的感覺」。如果對方是一位陰道口稍有「餘裕」的女性，那就可以試著拉開陰莖和手指之間的距離，在陰道口施加壓力，並且慢慢增加塞入的手指數，從一根到兩根，三根……這麼做也不錯。

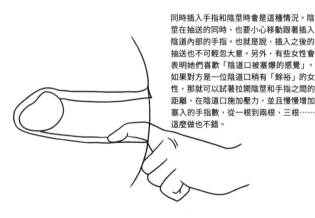

指。

進行到步驟③時，手指的動作有兩種：(A)抽送，(B)輕摳。在進行(A)抽送時，手指可以與陰莖一起移動（也就是當陰莖抽出時，手指也一起；當插入陰莖時，手指也要一起跟著插入），也可以交替抽送（亦即抽出陰莖時手指插入，插入陰莖時手指抽出）。但不管採用哪種方式，手指與陰莖抽出的時候，頂端都要保留2～3公分在陰道內。

如果將其中一個（或兩個）完全抽出的話，接下來要再次插入的時候就會變得比較不容易，進而影響到抽送的順暢度。

而在進行(B)輕摳時，當手指插入到一定的深度（最好是到第二關節前後）時，不要沿著陰莖抽送的方向移動，而是保持插入的狀態稍微勾起指尖，彷彿要摩擦內壁般刺激陰道。不用說，這個時候絕對不可以用指甲摳，要用指腹來摩擦。

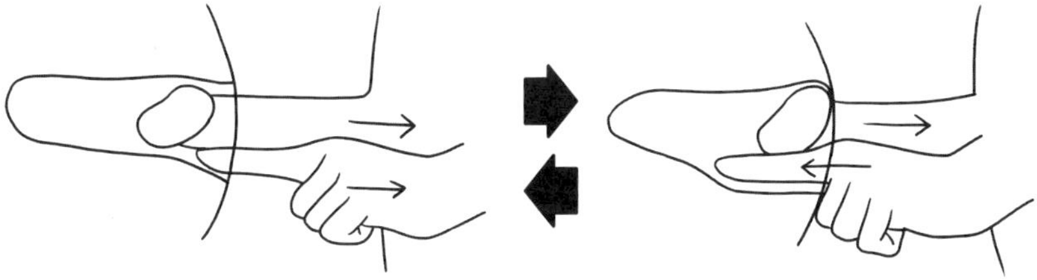

手指採取(A)抽送・同時進行：陰莖抽出的時候，手指也要跟著拉出來（左圖）；陰莖深插的時候，手指也跟著深入（右圖）。

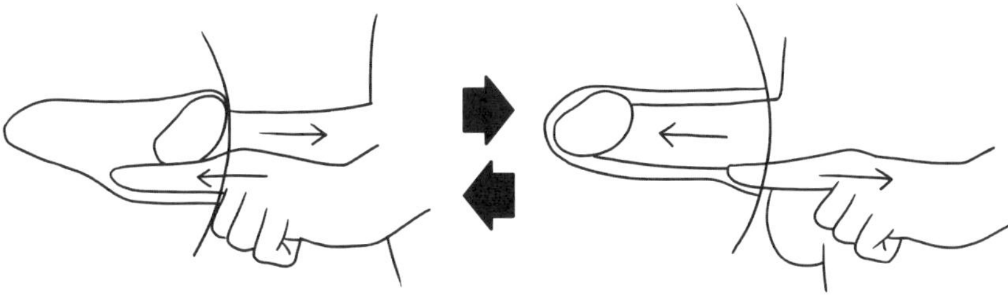

手指採取(A)抽送・其二・交替進行：陰莖抽出的時候，手指深深插入（左圖）；當陰莖深深插入時，手指抽出（右圖）。

雙穴齊下・菊花獨插

PLAY 11

用送入陰道的陰莖與插入直腸的手指，夾攻「內壁」

將陰莖插入陰道的同時，手指也跟著插入肛門，兩根一起抽送的性愛技巧。

步驟如下：①陰莖插入陰道之後，②手指插進肛門裡，③陰莖抽送的同時，插入的手指也跟著前前後後，或者抽動直腸。

①和②的順序可以顛倒。這項技巧插入的「洞穴」與〈雙管齊下〉（參見前項）不同，所以不管哪個先，哪個後，插入的順暢程度都不會受到影響。

在步驟②中所使用的手指，基本上以食指或中指為主。食指和中指相對較細，就算對方是不習慣菊花插的女性，也不太會感受到疼痛或壓迫所造成的不適，理論上來講，接受度應該會比較高。另外，用食指和中指的話，深入的程度會比較剛

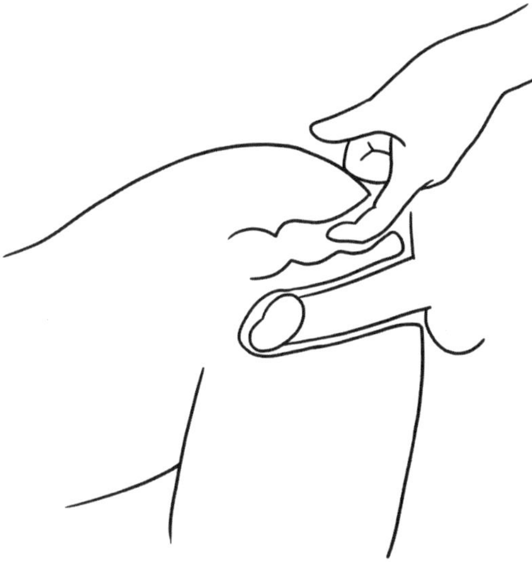

陰莖插入陰道的同時，手指也一起插入肛門（直腸）裡。如圖所示，採取後背體位時使用食指的話可以減輕手腕的負擔，增加手指活動的自由度。

好，插入之後抽送的靈活程度也遠勝於其他手指。但如果是採取後背體位的話，用大拇指會比較順手，而且大拇指的粗細以及突出的關節也可以讓感受更加強烈。

進行到步驟③時，手指的動作有六種：(A)像摳東西，不停攪拌、(B)筆直插入，滑順抽送、(C)筆直插入，在內轉動（半旋轉）、(D)陰莖抽送，手指不動。或者反過來(E)陰莖不動，手指抽送（這個時候可以搭配〈垂釣小魚〉（參見第108頁））。而最能發揮本項技巧的是(F)前後夾「壁」。也就是利用插入直腸裡的指腹在陰道和直腸之間的這面肉牆上游移，摸索自己的陰莖。這個時候要掌握一個訣竅，那就是要一邊緩慢游移，一邊沿著陰莖的外圍來感受輪廓。只要從陰道壁的兩面摩擦，就可以讓女性舒爽到已經搞不清楚是「哪一邊的洞帶來的快感」。

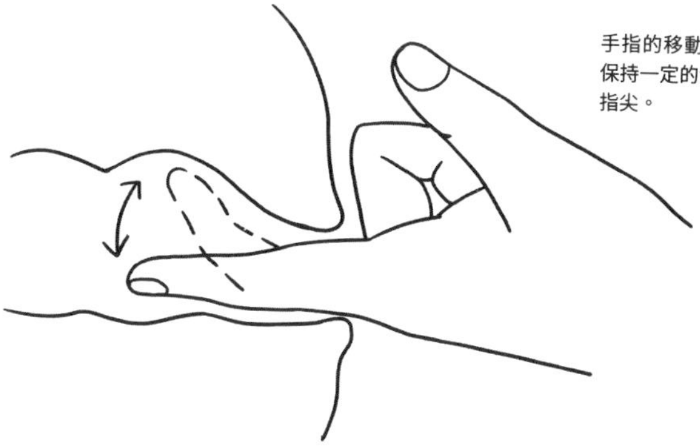
手指的移動方式(A)：插入直腸裡保持一定的深度，用摳的方式移動指尖。

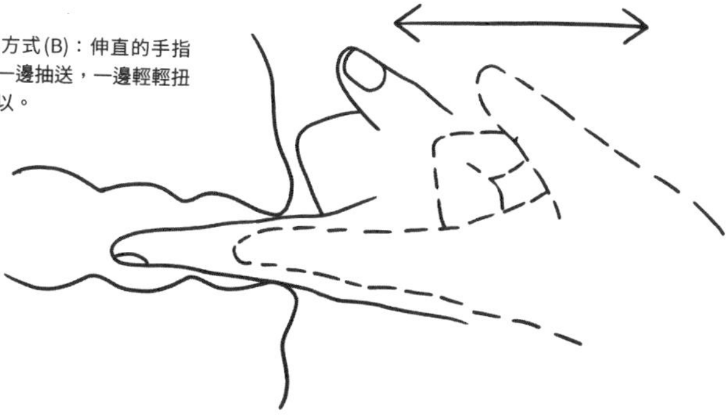
手指的移動方式(B)：伸直的手指平行滑動。一邊抽送，一邊輕輕扭動手指也可以。

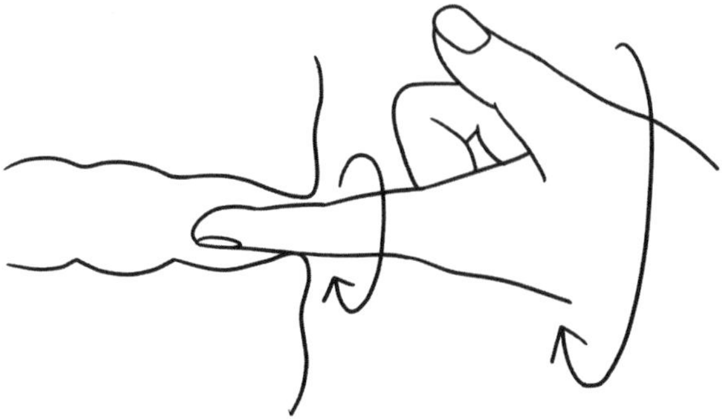

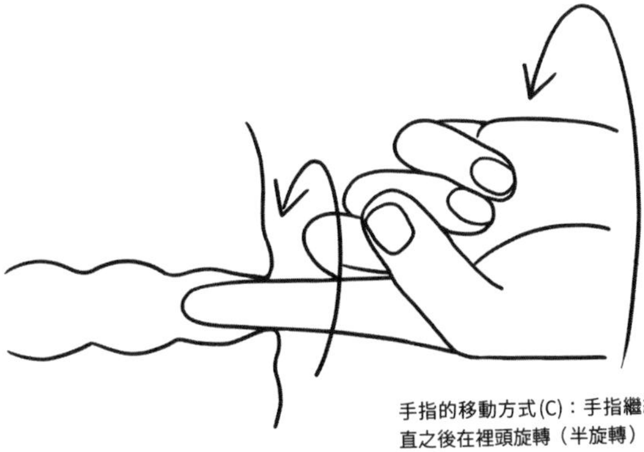

手指的移動方式(C)：手指繼續留在直腸裡，伸直之後在裡頭旋轉（半旋轉）。

手指的移動方式(F)：用手指及陰莖夾擊隔開直腸與陰道的那面「肉牆」。與陰道隔著肉牆塞進直腸裡的手指在游移時，要用指腹摸索自己的陰莖。手指移動的方式有6種。無論採用哪一種方式，基本上單指就能產生不錯的效果，不過動員數根手指當然也可以。先從一根手指開始，接著再慢慢增加到兩根、三根，把目標放在打擊後庭+前庭插入也是一條不錯的情慾之路。

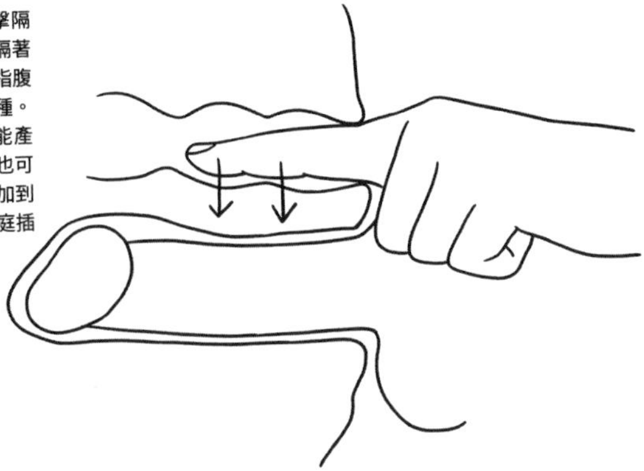

插圖：春海

絕頂升天的捷徑

確保一個安心的環境並且營造淫蕩的氣氛固然是一場激情之戰不可或缺的條件，但若想要讓女性伴侶絕頂升天的話，最好的方法就是多管齊下，同時刺激好幾個性敏感帶。例如抽送陰莖的時候一邊刺激女性的乳房、乳頭、後頸、耳朵、背部、臀部、肛門，或者是陰蒂都可以。特別是在刺激陰蒂的時候，腰部和手指的動作若能互相配合，產生的效果絕對會比單獨愛撫還要來的強烈。

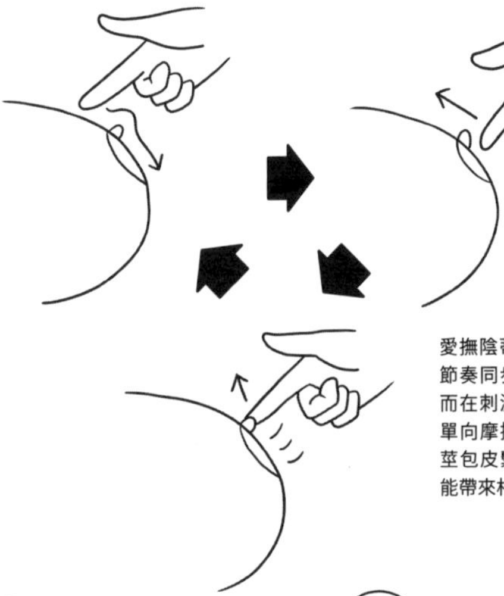

愛撫陰蒂的手指動作若能配合推臀的節奏同步進行，也能大幅提升效果。而在刺激陰蒂的時候，若能由下往上單向摩擦（也就是單向刺激相當於陰莖包皮繫帶這個部位）的話，同樣也能帶來相當出色的效果。

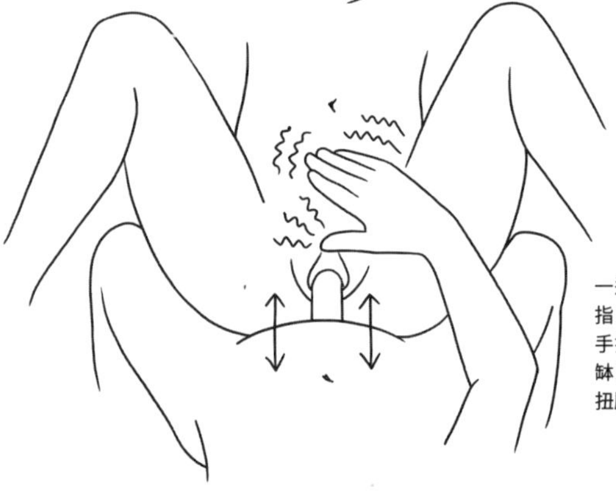

一邊採用正常體位，一邊用大拇指指腹畫圈撫摸陰蒂。在這個時候手指揉搓的動作可以搭配〈肉體擂缽〉（參見第94頁）這項技巧裡的扭腰動作，同步進行。

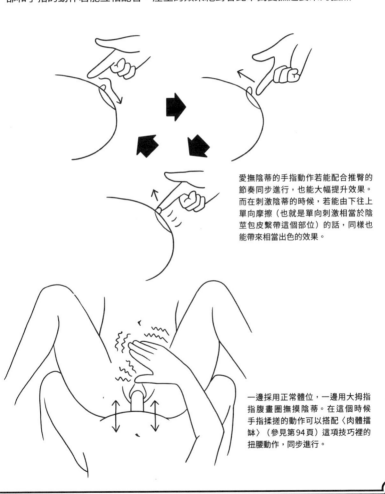

第4章 餘韻猶存的活塞運動

牛步戰術

PLAY 01

宛如蝸牛爬行，寸寸慢慢游移

這是一個深深地、慢慢地抽送陰莖的超低速活塞運動。雖然動作緩慢，但因活塞運動一直在進行，所以女性伴侶應該不太容易察覺到自己是「在休息」，甚至是為了「不想射精而在調整身體狀況」，進而在交合的時候，對方也不會因為自己是在稍作休憩而激情消退，算是一個優點。若是安排得當，說不定還能為女性伴侶帶來如飢似渴的效果呢。

步驟就是活塞運動要夠慢。以一公釐為單位慢慢地讓陰莖埋入陰道裡，抽出的時候也一樣以一公釐為單位。

移動的方式有兩種：(A)只有腰部緩緩前後推臀；(B)腰部固定，整個下半身前後平行移動。方式(A)從側面看的時候，會感覺腰部像波浪一樣移動；方式(B)的話會感

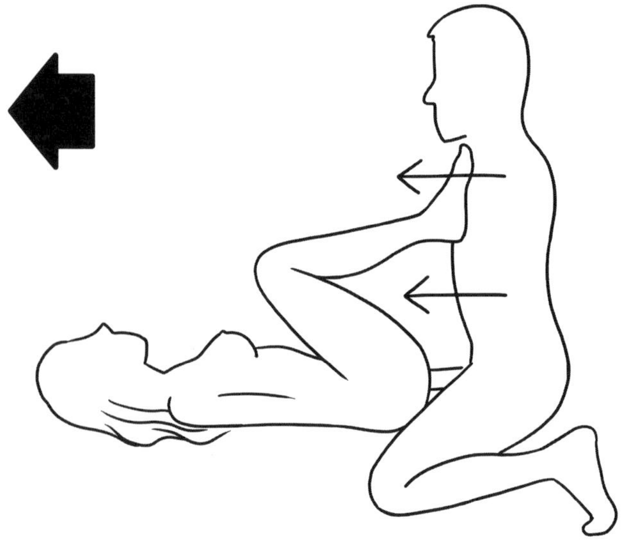

抽送時腰部固定不動，只有整個下半身前後移動。也可想像是用腹部在平行移動。

覺像是在做伏地挺身，只有手臂或腿部（膝蓋要彎曲拉伸）在活動，好讓私處可以前後移動。但無論是送入還是抽出，都要選擇容易進行的方式，動作一旦開始，中途就盡量不要停下來。

不過這項技巧要注意陰莖插入的角度。為了讓整根陰莖均勻地接觸到陰道口及整個陰道內壁——也就是避免刻意摩擦到某個部位，陰莖在插入時要筆直對著陰道口，並且順著陰道走向自然抽送。只要陰莖均勻地接觸整個陰道，就可以讓女性伴侶清楚地感受到「慢慢抽送」的感覺，進而讓對方迫不及待，希望陰莖趕快插入。另外，如果前後的技巧如果能夠進行像〈肉棒打樁〉（參見第70頁）或〈巨柱速頂穴〉（參見第86頁）之類的激烈活塞運動話，採取這項技巧就能夠得到不錯的相乘效果。

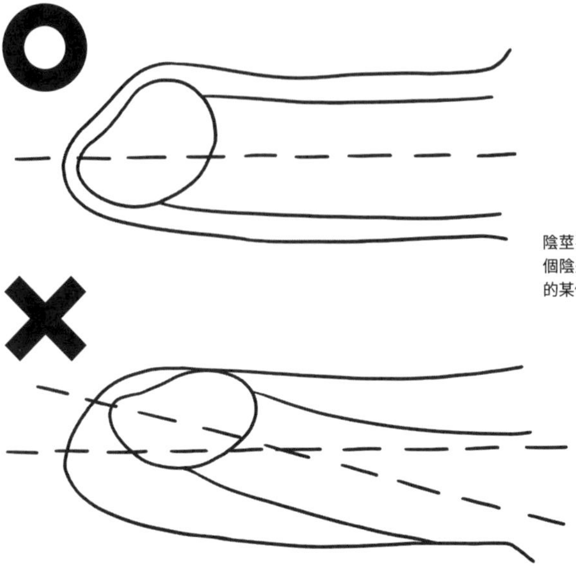

陰莖要筆直插入陰道裡，盡量讓整個陰道均勻受壓，不要對陰道內壁的某個特定部位施加過大的壓力。

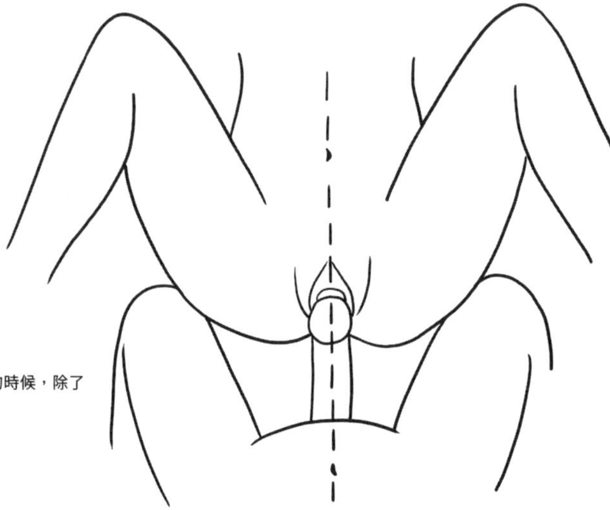

在「筆直」插入陰莖的時候，除了左右，上下也要注意。

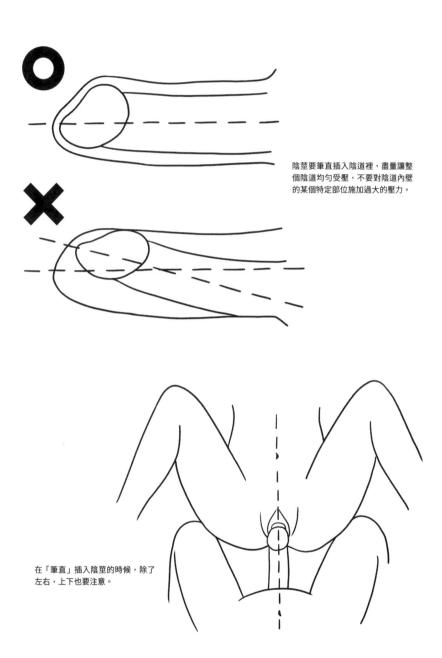

插圖：KOJI

垂釣小魚

PLAY
02

讓寶貝屌兒鑽到香穴裡，微微彈跳

深深插入陰道內部的陰莖像條在漁網裡活蹦亂跳的的小魚，斷續抽動的性愛技巧。

步驟如下：①陰莖插入陰道，②保持插入的狀態，不需抽送，靜止不動即可。過段時間之後③不要再繼續插入也不要抽送，收縮括約肌，讓陰莖輕輕跳動。

這項技巧的重點，就是不要抽送陰莖。在讓陰莖彈跳時，插入的深度一定要固定。至於要插得多深，可以根據喜好來調整，但是只要插得越深，女性伴侶就會越容易感受到陰莖的跳動，如此一來效果也會更加顯著。

這個時候手指與唇舌不可愛撫，只能親吻，或撫摸乳頭及陰蒂等性敏感帶以外的肌膚，營造一段寂靜時刻。這樣的寂靜

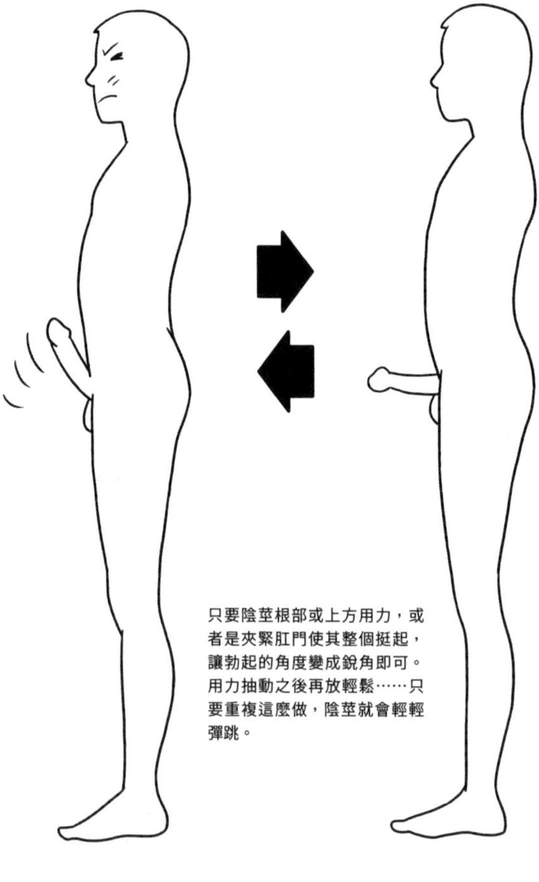

只要陰莖根部或上方用力，或者是夾緊肛門使其整個挺起，讓勃起的角度變成銳角即可。用力抽動之後再放輕鬆……只要重複這麼做，陰莖就會輕輕彈跳。

若能持續數秒至十幾秒效果會更加顯著。過段時間之後，當你的性伴侶開始納悶「發生什麼事?」時，慢慢施展這項性愛技巧就能得到極高的效果。

進行到步驟③，也就是準備抽動陰莖時，要想像是用龜頭上方來敲打自己下腹部。這個時候動作與〈專蹭前庭〉（參照第76頁）的步驟②一樣，但要連續進行（重複用力及放鬆）。

至於彈跳運動可以這樣進行：先連續做一段時間，讓對方以為會在繼續的時候突然停止，靜止一會兒，直到性伴侶納悶「咦?怎麼了?」的時候，再不經意地繼續彈動陰莖……這樣的步驟可以多重複幾次。而採用這項性技最理想的時機，就是緊接在剛經歷〈肉棒打樁〉（參見第70頁）或〈巨柱速頂穴〉（參見第86頁）之類的激烈活塞性技，陰道內部尚處於敏感狀態的時候。甚至在女性伴侶達到高潮之後當作後戲來進行也不錯。

彈跳運動在陰道內部進行的時候會是這個樣子。重複施展這項技巧的時候陰莖不須要抽送。因為這個時候陰莖若也進進出出，反而會讓對方忽略彈跳的感覺。若要讓這項性技充分發揮效果，那就在激烈的活塞運動之間穿插一段靜止時間，先讓腰部停止運動，再來安排這項技巧。

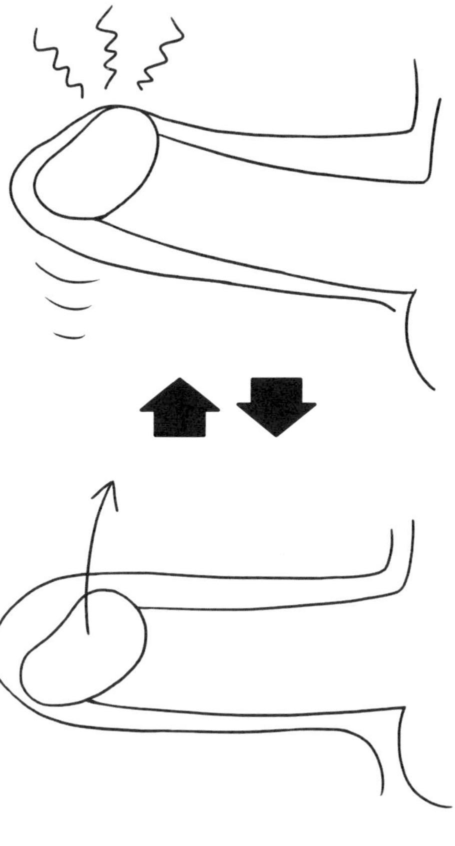

動屌震陰

PLAY 03

讓鵰兒隨意沉淪於黑洞之中，上下左右震動

陰莖插入陰道時插至一半就好，但不前後抽送，腰直接上下左右平行移動，好讓陰莖用中段這個部位壓住陰道口，再加以刺激震動的性愛技巧。與〈牛步戰術〉（參見第104頁）一樣，會暫時動一會兒，但是女性伴侶並不太會察覺到現在這段時間其實男性在休息。此外，持續刺激的動作因相當微弱，故可達到煽動慾火的效果。

步驟如下：①龜頭塞入陰道口，②陰莖插入三分之一或二分之一即可，③插入的深度保持不變，腰部微微上下或左右震動即可。

這項技巧的關鍵是，陰莖在步驟②插至某個深度之後就要停，不要再繼續往前推進。

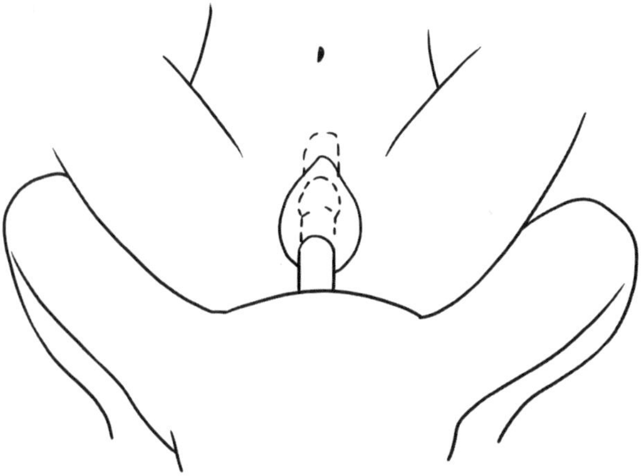

插入的深度為陰莖的三分之一至二分之一。插得太深的話反而會效果不彰。

陰莖插入的深度要注意。因為這項技巧的目的是延遲射精，因此插入的時候要一邊尋找對陰莖敏感部位刺激最小的位置，例如尿道口周圍、冠狀溝下方、包皮繫帶等部位，一邊確定最佳深度。

在步驟③準備推臀時要留意一點，那就是陰莖根部和女性伴侶的私處要時常保持一段距離。移動方式方面，大致可以分為：(A)上下、(B)左右這兩種。但無論採用哪種方式，都要用陰莖來擠壓和擴張陰道口。動作故意放慢，「搖搖晃晃，蠢蠢欲動」的樣子也不錯。只要沒有什麼節奏感的動作一直持續下去，身為受動者的女性伴侶內心就會開始焦慮，此時只要接著激烈抽送，應該就會引起爆炸性的快感。就算不是刻意緩慢抽送，為了防止男性突然爆發（射精），腰部的舉動最好還是常保輕盈。

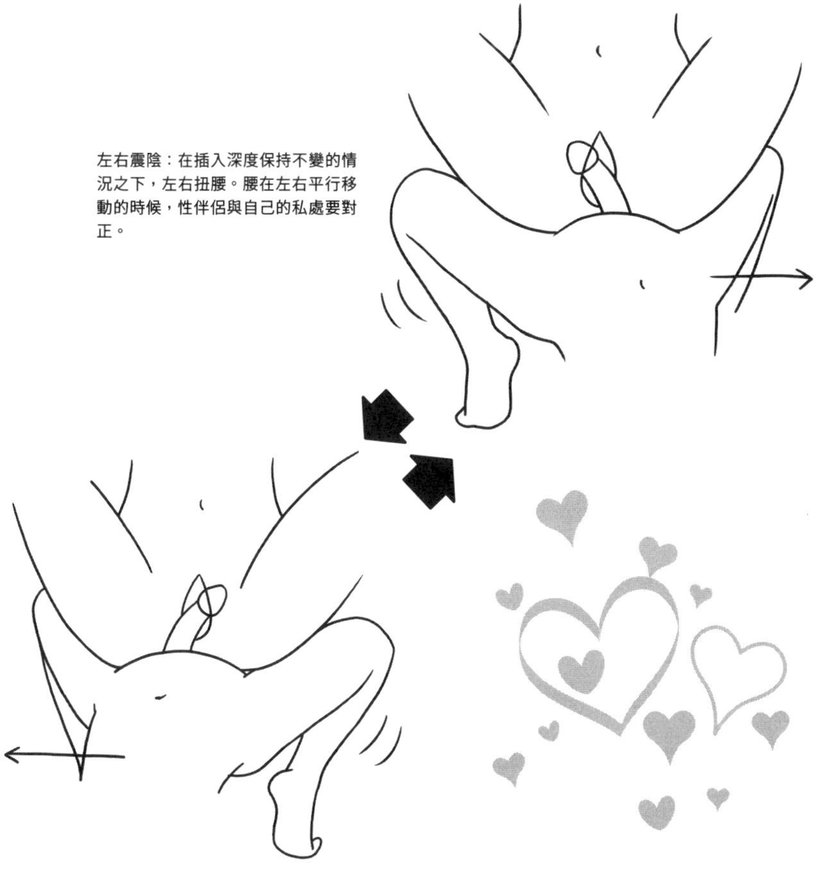

左右震陰：在插入深度保持不變的情況之下，左右扭腰。腰在左右平行移動的時候，性伴侶與自己的私處要對正。

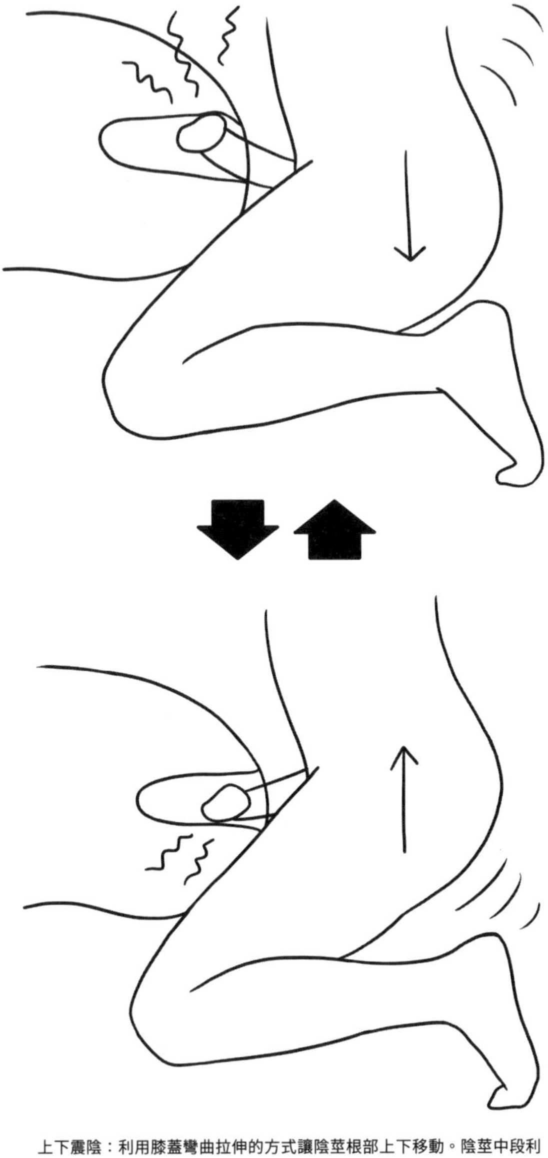

上下震陰：利用膝蓋彎曲拉伸的方式讓陰莖根部上下移動。陰莖中段利用杠杆原理讓陰道口向外擴展。

插圖：ありまなつぽん

PLAY 04

陰莖淺插，輕輕攪拌

旋轉肉棒

插入的陰莖保持一定的深度之後不進行抽送，輕輕地在陰道口及入口周圍的黏膜上轉動的性愛技巧。算是〈動屌震陰〉（參照前項）的旋轉版本，亦可說是〈肉體擂缽〉（參見第94頁）的輕量級版本。

步驟如下：①陰莖插入陰道之後，②插至冠狀溝下方約2~3公分處，③一邊保持這個深度，一邊轉動腰部。

這項技巧的重點和〈動屌震陰〉一樣，陰莖在步驟②插入到喜歡的深度之後就要停止前進，也不進行抽送。插入的時候要特別注意深度，盡量不要讓陰莖的敏感部位觸碰到接觸感較高的陰道口或子宮口等部位。在步驟③扭腰擺臀時，也要盡量讓陰莖根部與女性私處保持固定的距離。腰部在扭動時，就像是要用臀部（尾

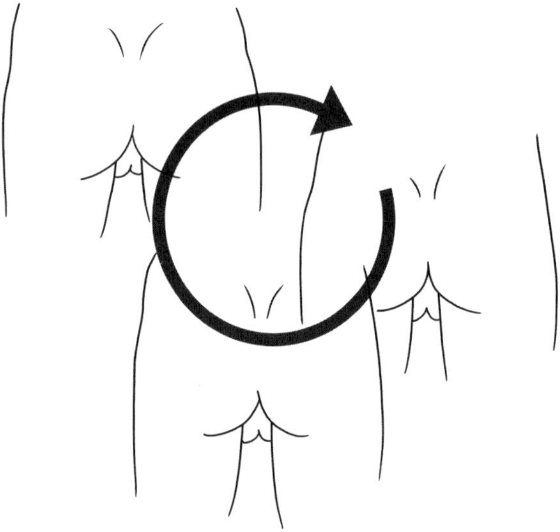

腰部在扭動時，要在心裡頭想像是要用臀部（尾椎）來畫一個大大的圓圈圈。基本的動作算是〈肉體擂缽〉（參見第94頁）的淺層版，但並不完全插至最深處，因此敏感的龜頭頂端不會觸碰到觸感堅硬的子宮口，可以稍微壓抑男性的亢奮程度。採用〈肉體擂缽〉時若是感到已經快要把持不住，這個時候就可以改用這項技巧，讓快要射出的念頭稍微冷靜一下。此時改採這項技巧的好處，就是不用特地從〈肉體擂缽〉轉換到其他體位，做起來也非常順利，而且還不會被性伴侶發現呢。

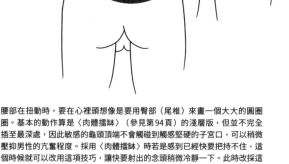

椎）畫「の」字般畫圈圈，同時旋轉速度也要盡量緩慢，感覺就像是在小心翼翼地攪拌卡布奇諾，深怕上面的奶泡被破壞一樣，要慢慢地、輕柔地攪弄陰道內部。

彷彿老牛拉車般緩慢的動作只要持續超過5秒，身為受動者的女性伴侶情慾就會開始騷動，恨不得你趕快抽送。因此只要秉持與〈動屌震陰〉相同的概念來扭腰擺臀，就可以得到一樣的效果。接下來若能進行〈肉棒打樁〉（參見第70頁）或〈巨柱速頂穴〉（參見第86頁）等動作較為激烈的活塞運動，就可以讓性伴侶得到炸裂般的快感。不同之處，在於男性在施展這項技巧時，畫圈的動作要更大、更慎重。如此一來，男性就會比較不容易專注在陰莖的亢奮程度上，從而延遲射精。

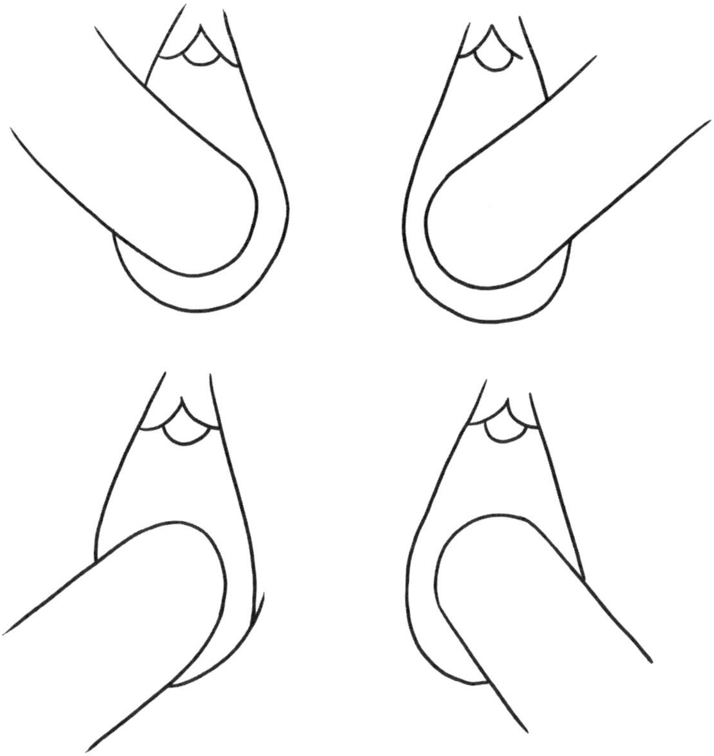

插入之後在內部攪拌。扭腰的時候兩人的私處不要緊密貼合，一定要保持固定的距離。

搗嫩穴

PLAY 05

輕輕搓捏柔軟臀丘

以俯臥的方式從背後將陰莖插入女性伴侶的陰道，並且趴在女性身上抽送的性愛技巧。這項技巧是要用男性私處到下腹部的肉在女性的臀部上磨蹭。乍看之下會以為是一樣非常高深的性技，但是性伴侶玲瓏有致的臀部會阻礙陰莖插入的深度，因此對陰莖的摩擦（＝快感）就不會那麼強烈。

步驟如下：①女性先趴下，②接著男性緊貼在女性的背後，③維持相同的姿勢，讓陰莖從臀部的縫隙中鑽過去，從後面插入陰道裡之後，④再扭腰擺臀，前後抽送。

女性在步驟①只要手腳自然伸直趴在地面即可。②男性擺出類似伏地挺身的姿勢，自然地將手腳放在地板上。手（從手肘到手掌）放在女性肩膀上方的地板上，腳（從膝蓋到腳尖）則跨過女性的雙腿，跪在地板上。男性如果沒有這樣牢牢支撐自己的身體，女性就會因為胸部和腹部受到壓迫而呼吸困難，甚至無法繼續交合。進行到步驟③時，女性可以稍微打開大腿，這樣陰莖在插入的時候會順利許多。到了步驟④，龜頭頂端＋α在插入陰道之際不要急著深入，而是要立刻進行活塞運動。此時的活塞運動不是單純的「抽送」，反而比較像是在捏揉女性伴侶的臀肉。

這項技巧不僅可以享受女性臀部柔軟冰涼的觸感，還能順勢調整射精的時間。如果有機會與臀部飽滿的女性交合，一定要試試看這項技巧所帶來的快感。

從上面看見的模樣。男性的胸部與腹部雖然緊貼在女性的背部，但是手臂與腳卻牢牢地支撐自己的體重。要是把重量放在胸部或腹部上的話，人在下方的女性就會被壓到喘不過氣，甚至無法交合，要注意。

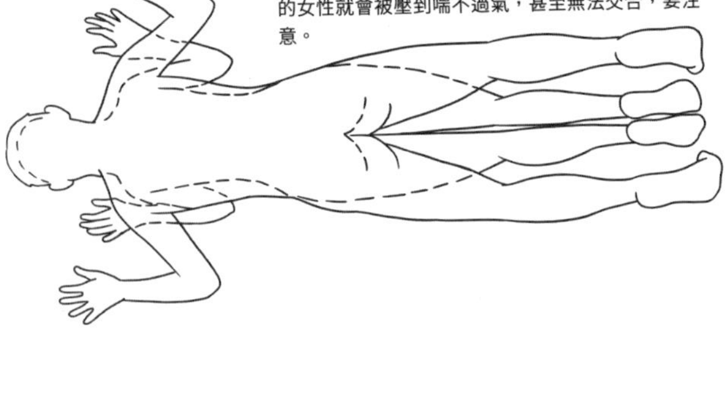

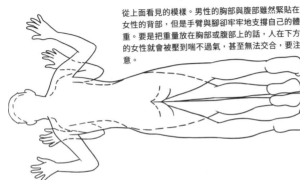

女性俯臥，男性趴在上方，陰莖鑽進大腿縫隙，滑入陰道裡。女性豐滿的臀部會形成阻礙，讓陰莖無法深深插入其中，可是一旦龜頭+α進入陰道，接下來只要擠壓性伴侶的臀部肉就可以了。傳統的後背體位容易讓力量往前流失，但如果是這項技巧，地面（如床墊或床）就可以把力量阻擋起來。如此一來，活塞運動所形成的壓力就可以毫不保留地施加在被地面及男性下腹部夾住女性臀部上了。

插圖：只野さとる

PLAY 06

後站攻擊

完美阻止腳踝伸展，不讓早洩的天敵趁虛而入

男女共同站立時採取的後背體位。這項技巧的關鍵，在於男性站立時，腳踝自然就不會伸展，這樣就可以遠離會觸發射精的強烈快感。也就是採用與專欄2〈先繳械的藝術〉（參見第68頁）中「腿用力伸直會更容易射精」的相反概念來延遲射精的方法。

步驟如下：①女性站立之後上半身向前彎，翹起臀部。②男性對著翹起的臀部站立，③從後面插入陰莖，④扭腰擺臀，抽送陰莖。

男性屈膝時，會進一步彎曲腿部的肌肉，如此一來就能有效延遲射精。女性膝蓋如果位置較高（＝腿部較長，身高較高），那麼男性就要巧妙地站在事先準備好的站台上；但如果是男性的膝蓋位置較

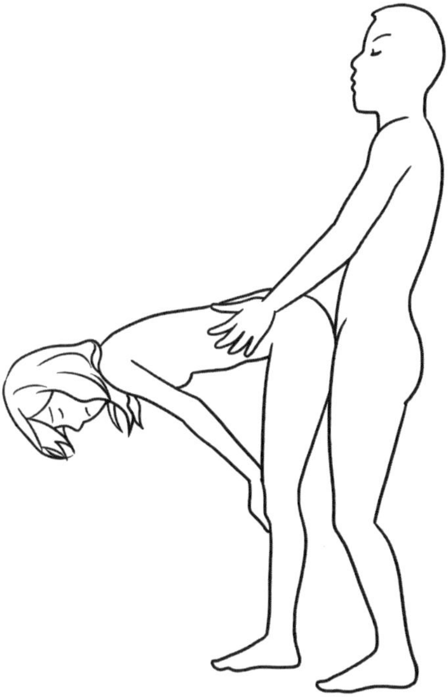

採取站立的後背體位時，女性通常會扶著牆壁或桌子。但是這項技巧進行的時候，女性如果沒有接觸到地板（床）或牆壁的話，只要男性頂撞的力道越大，女性身體晃動的幅度就會越強烈。如此的不穩定不僅可以營造出富有動態及狂野的氣氛，調整射精時間的時候也較不容易被察覺。

高（＝腿部較長≒身高較高）的話，只要稍微屈膝，就可以微調陰莖和陰道口的位置，算是一舉兩得。

值得注意的是，這種體位的腰部活動範圍非常大，很容易帶來劇烈晃動，故轉換到〈兩淺一深〉（參見第72頁）或〈肉體擂缽〉（參照第94頁）等讓女性達到高潮的活塞運動時會非常順利，但這並不代表男性可以忽略性伴侶的反應，激烈地扭腰擺臀，操之過急的話，反而會提早繳械。除了給予女性歡愉，這樣的姿勢在採取〈快速活塞〉（參照第40頁）和〈頂撞深穴〉（參照第60頁）等，能讓男性浸淫在無限快感中的活塞運動時也會更加得心應手。因此這個時候要先沉住氣，搭配淺插的〈動屌震陰〉（參閱第110頁）或〈旋轉肉棒〉（參閱第114頁）等性愛技巧，這樣才不會擦槍走火，意外射精。

男性的腳踝一旦伸直，射精的路程就會縮短。因此腳跟不要抬起，要讓腳底整個平貼在地面上，穩穩地彎曲腳踝站立。

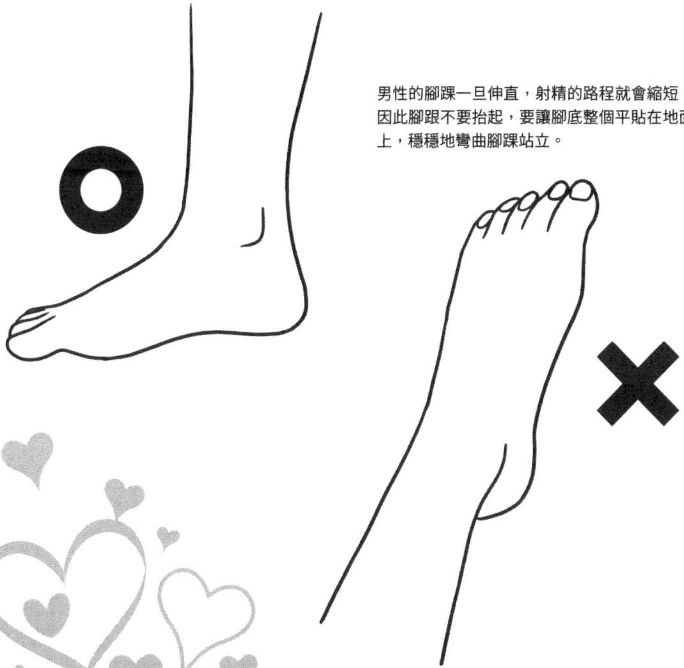

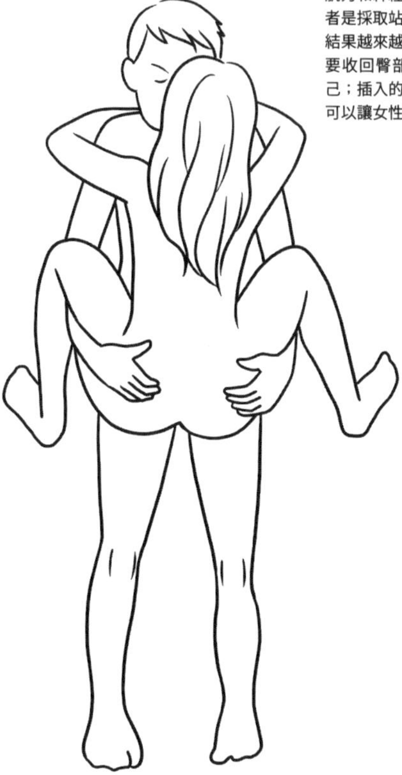

肌力和神經都會被徹底剝奪的重勞力體位，或者是採取站立姿勢的活塞運動都會讓射精這個結果越來越遠。故採站立姿勢進行抽送時，只要收回臀部，推開手臂，就能讓女性遠離自己；插入的時候只要推臀送腰，拉近手臂，就可以讓女性（的私處）與自己的私處撞擊。

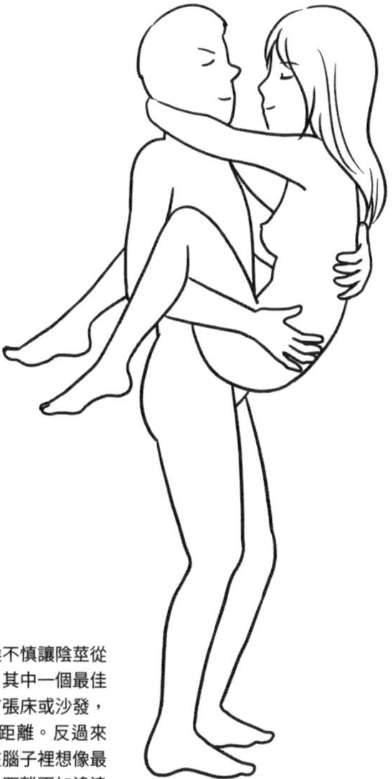

為了避免女性身體往下落的時候不慎讓陰莖從根部折斷等最糟糕的情況發生，其中一個最佳方案，就是女性身體下方最好有張床或沙發，這樣就可以縮短身體往下落的距離。反過來說，進行活塞運動的時候只要在腦子裡想像最糟糕的情況，那麼射精應該就會距離更加遙遠……。

插圖：春海

後素股

PLAY 07

隔屌搔穴的部位不是包皮繫帶，而是陰莖表面

這項性愛技巧派上用場的部位不是敏感的包皮繫帶，而是用陰莖黏膜中敏感度相對較低的表面（自己低頭時第一個看到的那一面）來摩擦女性伴侶的陰裂，算是《繫裂對齊》（參見第18頁）的相反版本（如果正反倒過來的話，得到的效果也會相反）。

由於摩擦的是陰蒂、小陰唇和陰道口周圍的黏膜，所以能給女性一定的愉悅感。另外，此時摩擦的是彼此的私處，因此對方難以察覺男性其實正試圖延長射精的時間。但對男性來說，這麼做只會得到輕微的快感，這就是這項性愛技巧的重點。

其步驟如下：①陰莖靠近女性伴侶暴露的陰裂之後，②將陰莖緊貼在陰裂上，

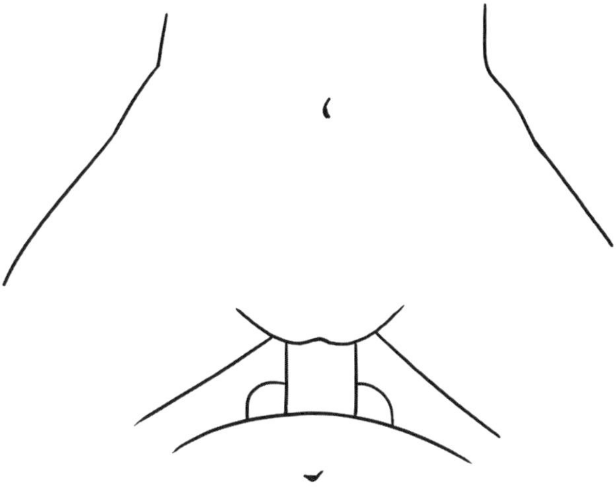

陰莖正面貼在性伴侶的陰裂上磨蹭。如果是採行正常體位的話，陰莖會明顯地從根部往一個不自然的方向彎曲。

③用陰莖的正面摩擦整個陰裂。

只要每摩擦3～10次就插入陰道一兩次的話，對方就不會發現自己是在調整時間或試圖冷靜以延後射精，而在正式進入亢奮狀態之前，還能維持某個程度的交合。

磨蹭陰裂的時候可以扭腰擺臀，也可以將陰莖握在手中（或用指頭夾住）移動。這項技巧和〈繫裂對齊〉一樣，只要摩擦女性的敏感部位，例如陰蒂或陰道口周圍的粘膜，讓人意亂情迷的效果就會更好。不過，這項性技使用的雖然是感覺比較遲鈍的表面，但是一邊用手握住陰莖並且將其按壓在陰裂上的時候，摩擦陰唇等突起部位的力道若是太過強烈，還是會有可能讓男性醞釀出快感。因此男性一定要記住一點，那就是這項性技的目的不是為了「感到興奮」，而是「延遲射精的時間」。

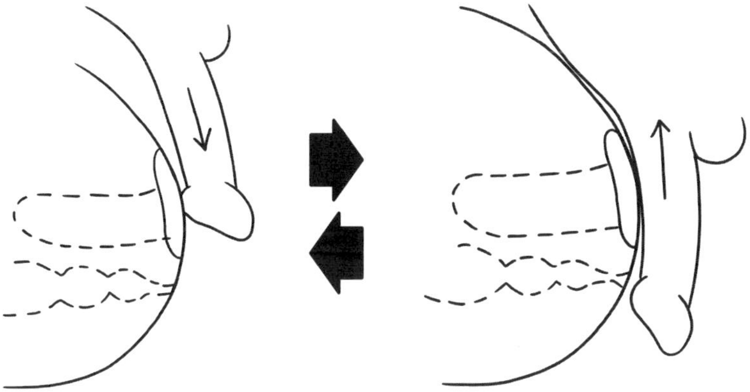

從側面看到的樣子。要按照圖示摩擦陰莖。一邊輕減陰莖根部的負擔一邊順著陰裂摩擦其實比想像還要困難。但是只要專注於摩擦，就能延遲射精的時間。

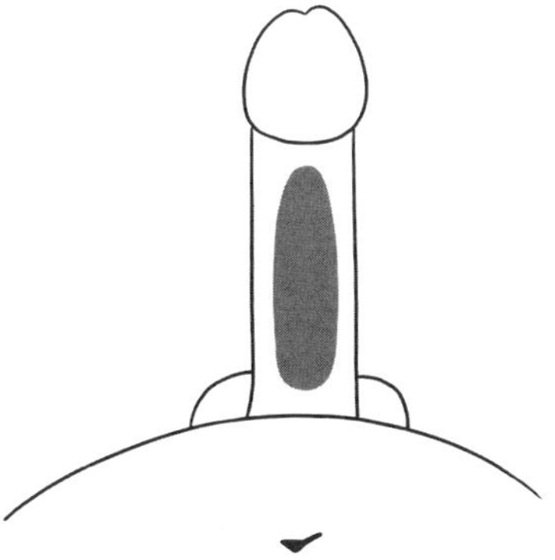

用陰莖上方的灰色部分摩擦陰裂。但要避開敏感的冠狀溝，盡量用陰莖的中腹來摩擦才是重點。

雙穴齊下・來個兩屌

PLAY 08

來個3P，同時插入香穴與菊花

女性×1名+男性×2名所組成的性愛三人行當中，其中一名男性插入陰道的同時，另一名男性進行肛交的活塞運動。

最容易進行的姿勢，就是女性先採取騎乘體位，跨坐在仰躺的男性・甲上方，讓陰莖插入陰道中之後，女性屈膝，胸部貼在男性・甲的身上。接著男性・乙採取後背體位，從女性後面合體，將陰莖插進肛門裡。此時男性・甲要盡量雙腳併攏，男性・乙則是稍微張腿（也就是膝蓋接觸地面的位置），這樣會比較容易活動。

關鍵是合體完成後的活動方式。類型大致可以分為兩種。(A)同步技巧：前穴後穴，交替進出——也就是當一方插入時，另一方就退出，兩人輪流一進一出。或者前穴後穴同進同出——也就是一方插入時，另一方也跟著插入；一方抽出時，另一方也跟著抽出。重點在於兩位男性要以相同節奏進行抽送。(B)隨機技巧：如果一方快速抽送，那麼另外一方就慢進慢出，兩名男性根據自己的節奏來進行活塞運動。但礙於黏膜的耐久性不同，通常前穴節奏會比較快，後穴則是比較慢。此外，其中一位在抽送時，另外一位採用〈垂釣小魚〉（參照第108頁）這項技巧暫停抽送也可以。

總而言之，這項技巧相當講求團體合作，想要專注在交合上恐怕不容易，若要射精，最好先自行延遲。

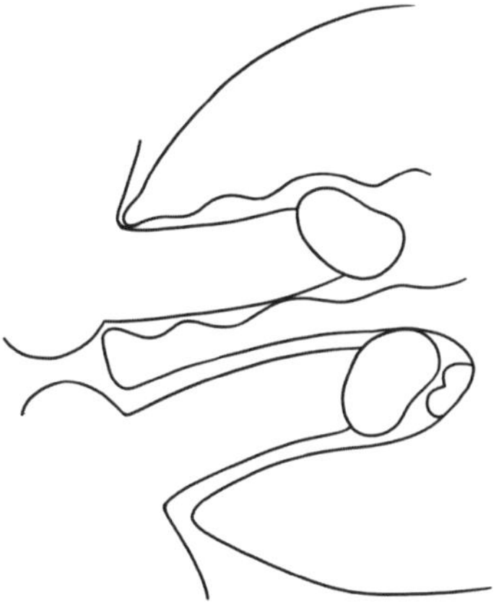

陣式擺好之後，女性體內應該是這個樣子。男性人數若是不足，或者不習慣多P的話，只要用假陽具或按摩棒來代替，就算是異性情侶，也能夠重現這個性愛遊戲。不過情趣用品通常會比手指還要粗，這麼做說不定可以體會到有別於〈雙穴齊下・菊花獨插〉的快感及效果。

插圖：KOJI

想要順利完成3P三明治，不妨依照這樣的順序進行。①男性A仰躺。②女性採用騎乘體位跨坐在男性A身上，將男性A的陰莖塞進陰道裡。③女性的胸部與腹部盡量與男性A貼合，翹起臀部，露出肛門。男性B採取後背體位，從女性的後方將陰莖插入直腸裡。這樣屌合體就算完成。

外射收尾的點點滴滴

事情真正結束前都不能鬆懈，因此在成功射精之前，這場性愛遊戲就是一場時時刻刻都不能掉以輕心的活塞運動。除非使用保險套，或者是有意懷孕，甚至是不介意懷孕，否則男性一定會進行體外射精。不過這種情況男性可別以為這是因為「無法中出，只能無奈地這麼做」，而是要將其當作是這場性愛遊戲中的重要一環。

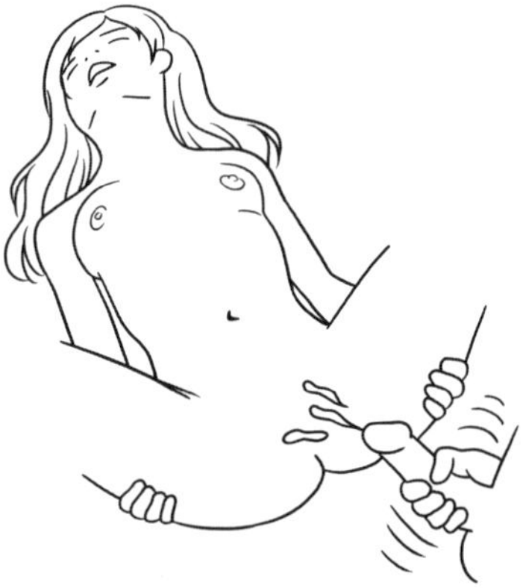

自己打手槍：若是覺得自己爽才重要的話，那最好的方法就是這個。優點，就是可以選擇（瞄準）目標，痛快射精。

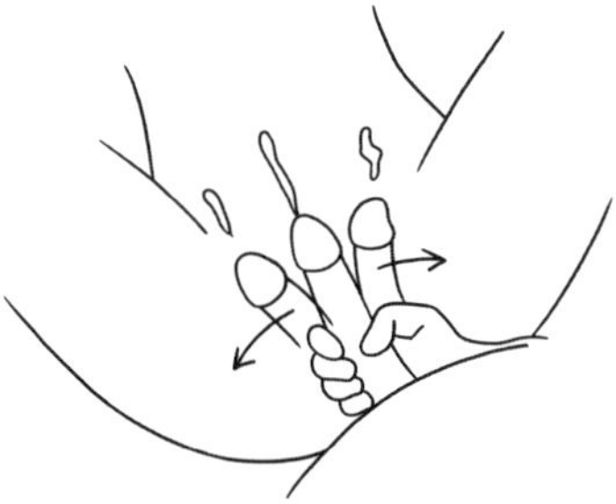

用陰阜、陰毛和陰唇來摩擦包皮繫帶：除了透過陰毛的物理性刺激來射精，一邊互相摩擦彼此的性器官一邊擦槍走火，也可以讓人性滿意足。

吞精：一邊讓對方舔屌一邊射精之後再進行唇舌愛撫，或者是口內射精，或者是瞄準打開的嘴巴發射……等等，玩法非常豐富。

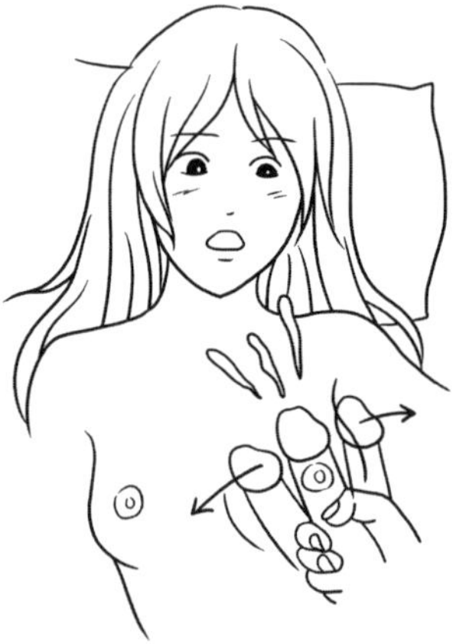

擦在女性的乳房或乳頭上：這個方法對女性來說，可以近距離觀看射精的那一瞬間，逼真的視覺效果值得期待。

●作者

由良橋勢 Ikio Yurahashi

〇性風俗研究家／文筆家

無論是SEX技巧解說還是日本國內外性愛風俗習慣相關報導，在性愛這個主題上執筆範圍相當廣泛。同時還以評論家及指導員之姿在雜誌及廣播節目中大為活躍。其根據龐大的採訪資料編寫的SEX指南摒除了多情善感的精神論，以徹底的技術解說為特色，不僅「實際實用」、「淺顯易懂」，內容更是「包羅萬象」，無論男女老少，皆贏得讀者廣泛支持。作品包括了《世界女性與性愛》、《世界性愛百科》、《接吻教本》、《口交教本》、《性愛活塞運動教本》、《陰蒂愛撫教本》和《10倍快感性愛教本》。《SEX中出教本》、《18歲的性愛教科書》、《舔陰教本》、《自慰技巧》（以上皆為數據庫出版社刊）。

●封面插畫

水龍 敬

●卷頭漫畫

ハチノ

●內頁插畫

P25/P53/P75/P95/P113

ありまなつぼん

●內頁插畫

P31/P65/P89/P95/P107/P125

KOJI

●內頁插畫

P37/P59/P71/P79/P93/P117

只野さとる

●內頁插畫

P17/P35/P43/P67/P85/P101/P121

春海

●圖解插畫

はむきち／角 慎作（DATA HOUSE版原創）

抽插攻略！
圖解陰道插入・活塞運動完全指南

2024年8月1日　初版第一刷發行

作　　者　由良橋勢
譯　　者　何姵儀
編　　輯　魏紫庭
美術編輯　許麗文
發 行 人　若森稔雄
發 行 所　台灣東販股份有限公司
　　　　　＜地址＞台北市南京東路4段130號2F-1
　　　　　＜電話＞（02）2577-8878
　　　　　＜傳真＞（02）2577-8896
　　　　　＜網址＞ https://www.tohan.com.tw
郵撥帳號　1405049-4
法律顧問　蕭雄淋律師
總 經 銷　聯合發行股份有限公司
　　　　　＜電話＞（02）2917-8022

TOHAN

國家圖書館出版品預行編目（CIP）資料

抽插攻略！圖解陰道插入・活塞運動完全指南/由良橋勢著；何姵儀譯. -- 初版. -- 臺北市：臺灣東販股份有限公司, 2024.08
128面；14.8×21公分
ISBN 978-626-379-505-1（平裝）

1.CST: 性知識 2.CST: 性行為

429.1　　113009587